辻 真吾 著
Shingo Tsuji

下平英寿 編
Hidetoshi Shimodaira

Pythonで学ぶ
アルゴリズムとデータ構造

Algorithm and Data Structure by Python

講談社

「データサイエンス入門シリーズ」編集委員会

竹村彰通　　（滋賀大学，編集委員長）

狩野　裕　　（大阪大学）

駒木文保　　（東京大学）

清水昌平　　（滋賀大学）

下平英寿　　（京都大学）

西井龍映　　（長崎大学，九州大学名誉教授）

水田正弘　　（北海道大学）

- 本書に掲載されているサンプルプログラムやスクリプト，およびそれらの実行結果や出力などは，上記の環境で再現された一例です．本書の内容に関して適用した結果生じたこと，また，適用できなかった結果について，著者および出版社は一切の責任を負えませんので，あらかじめご了承ください．
- 本書に記載されているウェブサイトなどは，予告なく変更されていることがあります．本書に記載されている情報は，2019 年 7 月時点のものです．
- 本書に記載されている会社名，製品名，サービス名などは，一般に各社の商標または登録商標です．なお，本書では，^{TM}, ®, © マークを省略しています．

シリーズ刊行によせて

　人類発展の歴史は一様ではない．長い人類の営みの中で，あるとき急激な変化が始まり，やがてそれまでは想像できなかったような新しい世界が拓ける．我々は今まさにそのような歴史の転換期に直面している．言うまでもなく，この転換の原動力は情報通信技術および計測技術の飛躍的発展と高機能センサーのコモディティ化によって出現したビッグデータである．自動運転，画像認識，医療診断，コンピュータゲームなどデータの活用が社会常識を大きく変えつつある例は枚挙に暇がない．

　データから知識を獲得する方法としての統計学，データサイエンスや AI は，生命が長い進化の過程で獲得した情報処理の方式をサイバー世界において実現しつつあるとも考えられる．AI がすぐに人間の知能を超えるとはいえないにしても，生命や人類が個々に学習した知識を他者に移転する方法が極めて限定されているのに対して，サイバー世界の知識や情報処理方式は容易く移転・共有できる点に大きな可能性が見いだされる．

　これからの新しい世界において経済発展を支えるのは，土地，資本，労働に替わってビッグデータからの知識創出と考えられている．そのため，理論科学，実験科学，計算科学に加えデータサイエンスが第 4 の科学的方法論として重要になっている．今後は文系の社会人にとってもデータサイエンスの素養は不可欠となる．また，今後すべての研究者はデータサイエンティストにならなければならないと言われるように，学術研究に携わるすべての研究者にとってもデータサイエンスは必要なツールになると思われる．

　このような変化を逸早く認識した欧米では 2005 年ごろから統計教育の強化が始まり，さらに 2013 年ごろからはデータサイエンスの教育プログラムが急速に立ち上がり，その動きは近年では近隣アジア諸国にまで及んでいる．このような世界的潮流の中で，遅ればせながら我が国においても，データ駆動型の社会実現の鍵として数理・データサイエンス教育強化の取り組みが急速に進められている．その一環として 2017 年度には国立大学 6 校が数理・データサイエンス教育強化拠点として採択され，各大学における全学データサイエンス教育の実施に向けた取組みを開始するとともに，コンソーシアムを形成して全国普及に向けた活動を行ってきた．コンソーシアムでは標準カリキュラム，教材，教育用データベースに関する 3 分科会を設置し全国普及に向けた活動を行ってきたが，2019 年度にはさらに 20 大学が協力校として採択され，全国全大学への普及の加速が図られている．

　本シリーズはこのコンソーシアム活動の成果の一つといえるもので，データサイエンスの基本的スキルを考慮しながら 6 拠点校の協力の下で企画・編集されたものである．第 1 期として出版される 3 冊は，データサイエンスの基盤ともいえる数学，統計，最適化に関するものであるが，データサイエンスの基礎としての教科書は従来の各分野における教科書と同じでよいわけではない．このため，今回出版される 3 冊はデータサイエンスの教育の場や実践の場で利用されることを強く意識して，動機付け，題材選び，説明の仕方，例題選びが工夫されており，従来の教科書とは異なりデータサイエンス向けの入門書となっている．

　今後，来年春までに全 10 冊のシリーズが刊行される予定であるが，これらがよき入門書となって，我が国のデータサイエンス力が飛躍的に向上することを願っている．

2019 年 7 月

北川源四郎

（東京大学特任教授，元統計数理研究所所長）

昨今，人工知能 (AI) の技術がビジネスや科学研究など，社会のさまざまな場面で用いられるようになってきました．インターネット，センサーなどを通して収集されるデータ量は増加の一途をたどっており，データから有用な知見を引き出すデータサイエンスに関する知見は，今後，ますます重要になっていくと考えられます．本シリーズは，そのようなデータサイエンスの基礎を学べる教科書シリーズです．

2019 年 3 月に発表された経済産業省の IT 人材需給に関する調査では，AI やビッグデータ，IoT 等，第 4 次産業革命に対応した新しいビジネスの担い手として，付加価値の創出や革新的な効率化等などにより生産性向上等に寄与できる先端 IT 人材が，2030 年には 55 万人不足すると報告されています．この不足を埋めるためには，国を挙げて先端 IT 人材の育成を迅速に進める必要があり，本シリーズはまさにこの目的に合致しています．

本シリーズが，初学者にとって信頼できる案内人となることを期待します．

2019 年 7 月

杉山　将

（理化学研究所革新知能統合研究センターセンター長，東京大学教授）

巻 頭 言

　情報通信技術や計測技術の急激な発展により，データが溢れるように遍在するビッグデータの時代となりました．人々はスマートフォンにより常時ネットワークに接続し，地図情報や交通機関の情報などの必要な情報を瞬時に受け取ることができるようになりました．同時に人々の行動の履歴がネットワーク上に記録されています．このように人々の行動のデータが直接得られるようになったことから，さまざまな新しいサービスが生まれています．携帯電話の通信方式も現状の 4G からその 100 倍以上高速とされる 5G へと数年内に進化することが確実視されており，データの時代は更に進んでいきます．このような中で，データを処理・分析し，データから有益な情報をとりだす方法論であるデータサイエンスの重要性が広く認識されるようになりました．

　しかしながら，アメリカや中国と比較して，日本ではデータサイエンスを担う人材であるデータサイエンティストの育成が非常に遅れています．アマゾンやグーグルなどのアメリカのインターネット企業の存在感は非常に大きく，またアリババやテンセントなどの中国の企業も急速に成長をとげています．これらの企業はデータ分析を事業の核としており，多くのデータサイエンティストを採用しています．これらの巨大企業に限らず，社会のあらゆる場面でデータが得られるようになったことから，データサイエンスの知識はほとんどの分野で必要とされています．データサイエンス分野の遅れを取り戻すべく，日本でも文系・理系を問わず多くの学生がデータサイエンスを学ぶことが望まれます．文部科学省も「数理及びデータサイエンスに係る教育強化拠点」6 大学（北海道大学，東京大学，滋賀大学，京都大学，大阪大学，九州大学）を選定し，拠点校は「数理・データサイエンス教育強化拠点コンソーシアム」を設立して，全国の大学に向けたデータサイエンス教育の指針や教育コンテンツの作成をおこなっています．本シリーズは，コンソーシアムのカリキュラム分科会が作成したデータサイエンスに関するスキルセットに準拠した標準的な教科書シリーズを目指して編集されました．またコンソーシアムの教材分科会委員の先生方には各巻の原稿を読んでいただき，貴重なコメントをいただきました．

　データサイエンスは，従来からの統計学とデータサイエンスに必要な情報学の二つの分野を基礎としますが，データサイエンスの教育のためには，データという共通点からこれらの二つの分野を融合的に扱うことが必要です．この点で本シリーズは，これまでの統計学やコンピュータ科学の個々の教科書とは性格を異にしており，ビッグデータの時代にふさわしい内容を提供します．本シリーズが全国の大学で活用されることを期待いたします．

2019 年 4 月

編集委員長　竹村彰通

（滋賀大学データサイエンス学部学部長，教授）

まえがき

　コンピュータプログラムは，アルゴリズムとデータ構造によって構成されている．つまり，プログラムを書けるようになるためには，これら2つの要素について理解することが必須となる．プログラム内蔵型のデジタルコンピュータが利用されるようになってから，すでに半世紀以上が過ぎている．今日においても，アルゴリズムとデータ構造の重要性に変わりはないが，これらを学ぶ方法は大きく変化していると考えられる．これには，インターネットの普及とプログラミング言語の進化が関係している．近年，広く使われているプログラミング言語の多くは，ライブラリと呼ばれるプログラムの部品が充実している．言語に標準で備わっている機能に加え，インターネットが支えるオープンソースの世界では非常に有用なライブラリが数多く開発され，ほとんどの場合無償で公開されている．本書で利用する Python はその最もよい例だ．Python は標準のライブラリを使って複雑なプログラムを短く書くことができ，Web アプリケーションから機械学習まで，多彩な外部ライブラリをインターネット上で見つけることができる．

　本書で紹介しているアルゴリズムも，そのほとんどはライブラリを使えば数行で書くことができる．このような時代において，アルゴリズムとデータ構造に関する知識を学ぶ意味を2つ考えてみたい．

- プログラミングスキルを磨くよい題材になる．
- 計算にかかる時間を見積もれるようになる．

　データサイエンスのためには，プログラミングのスキルは必須だ．自然言語の母国語と同じように，ストレスなく使える言語が1つあるとよいだろう．しかし，練習しなければ書けるようにはならない．問題解決のためのアルゴリズムを学び，実際のプログラミング言語に落とし込む訓練は，プログラミングスキルを磨くための格好の材料といえる．本書を読む際には，Python のコードをその動きが理解できるまで読み解くとよいだろう．

　プログラムが少し書けるようになると，自分でいろいろな計算ができるようになる．データが大きくなると，計算に時間がかかるようになってくるだろう．このとき，プログラムの実行時間と入力のデータサイズの関係を理解している必要がある．場合によっては宇宙が終わるまで計算し続けても答えが返ってこない可能性もあるからだ．これまでのアルゴリズム研究の成果を学ぶことで，この判断基準を習得することができる．

　新しい時代にふさわしいアルゴリズムとデータ構造の教科書を目指すため，本書は以下のような特徴をもつ．

- プログラムは Python を使って書く．ライブラリを使ったやり方がある場合は，まずそれを紹介

する.

- ソートやグラフ構造など基本的な内容に加え，乱択アルゴリズムや数論，ブロックチェーンの仕組みなど幅広い話題を取り入れる.
- 練習問題の解答を含め，すべてのコードが公開資料（https://github.com/tsjshg/pyalgdata）になっている.

　現代社会はコンピュータに支えられていると同時に，アルゴリズムに支えられている．アルゴリズムを理解して，プログラミングができるようになると，世界を変えることができるかもしれない．画期的な新薬開発のためのアルゴリズムや，世界のエネルギー消費を低減するアルゴリズムも夢ではない．本書がその出発点になれば，著者としてこれ以上の喜びはない.

2019 年 10 月　やっと秋の風が吹き始めた東京にて

辻　真吾

目　　次

第1章　Python 入門　1

1.1　文法の基本 1
1.1.1　数と文字列 1
1.1.2　変数と比較演算 3
1.1.3　コンテナデータ型 4
1.1.4　変更できるかどうか 7
1.1.5　組み込み関数 8
1.1.6　モジュールのインポート 9
1.1.7　制御構文 9
1.1.8　関数の作り方 12
1.1.9　変数とスコープ 13
1.1.10　クラスを作る 14
1.1.11　namedtuple 16
1.1.12　エラー処理 16

1.2　実践的なプログラミング 17
1.2.1　文字列のフォーマットメソッド 17
1.2.2　スライス記法 18
1.2.3　無名関数 19
1.2.4　リストのソート 20
1.2.5　内包表記 20
1.2.6　条件の評価 21
1.2.7　便利な代入方法 23
1.2.8　関数の再帰呼び出し 24
1.2.9　コーディングのスタイル 25

第2章　コンピュータ科学の基本　27

2.1　コンピュータの基本原理 27
2.1.1　ハードウェアの構成 27
2.1.2　ビットとバイト 29

2.1.3	数の表現方法	30
2.1.4	2進数と整数	30
2.1.5	整数と桁数	31
2.1.6	2進数と小数	32
2.2	**配列でみるデータ構造**	34
2.2.1	メモリの構造	34
2.2.2	データ構造	35
2.2.3	データの並びを保持する構造	35
2.2.4	連結リスト	36
2.3	**計算量の考え方**	37
2.3.1	時間の単位	38
2.3.2	入力サイズと作業量	38
2.3.3	計算量の漸近記法	39
2.3.4	配列とリスト	39

第3章 アルゴリズムの威力 41

3.1	**アルゴリズムと実装**	41
3.1.1	最大公約数	41
3.1.2	約数を調べ上げる方法	42
3.1.3	アルゴリズムと実装	44
3.1.4	素因数分解を使った方法	44
3.1.5	ユークリッドの互除法	45
3.1.6	再帰を使った実装	46
3.1.7	アルゴリズムの比較	47
3.2	**配列のソート**	49
3.2.1	要素の並べ替え	49
3.2.2	選択ソート	50
3.2.3	選択ソートを実装する	51
3.2.4	選択ソートの計算量	52
3.2.5	速度の比較	52

第4章 ソートを改良する 55

4.1	**問題を分割する**	55

4.1.1	小さなソート	55
4.1.2	ソートされた配列のマージ	56
4.1.3	マージの計算量	57
4.1.4	小さな結果をまとめる	57
4.1.5	マージソートの計算量	60
4.1.6	ソートの計算量	60
4.1.7	分割統治法	62
4.1.8	再帰を使ったマージソートの実装	62

4.2 クイックソート 62

4.2.1	クイックソートのアルゴリズム	63
4.2.2	クイックソートを実装する	63
4.2.3	クイックソートの計算量	65
4.2.4	マージソートとの比較	65
4.2.5	クイックソートの弱点	66
4.2.6	pivot の選び方	67
4.2.7	クイックソートの改良	68
4.2.8	クイックソートが与える示唆	69

第5章 データの探索 71

5.1 配列とデータの探索 71

5.1.1	リストの中からデータを探す	71
5.1.2	単純な探索	72
5.1.3	二分探索	73
5.1.4	二分探索の実装	74
5.1.5	二分探索と要素の挿入	77

5.2 探索のためのデータ構造 77

5.2.1	木構造	77
5.2.2	二分探索木	78
5.2.3	データの探索と挿入	79
5.2.4	二分探索木の実装	80
5.2.5	二分探索木の成長	81
5.2.6	木のバランス	84
5.2.7	ヒープ構造	84
5.2.8	ヒープの更新	85

| 5.2.9 | ヒープの利点 | 85 |
| 5.2.10 | ヒープソート | 86 |

5.3　ハッシュを使った探索 88

5.3.1	Python の辞書型	88
5.3.2	ハッシュ関数の性質	89
5.3.3	ハッシュテーブルの構造	90
5.3.4	ハッシュテーブルの実装	91
5.3.5	ハッシュテーブルとサイズ	93

第6章　グラフ構造　95

6.1　グラフとその表現方法 95

6.1.1	身近にあるグラフ構造	95
6.1.2	グラフの基礎	96
6.1.3	グラフを表現するデータ構造	97
6.1.4	NetworkX の利用	99

6.2　グラフ探索のアルゴリズム 100

6.2.1	グラフを作る	100
6.2.2	連結グラフを探す	102
6.2.3	キュー	103
6.2.4	グラフの幅優先探索	105
6.2.5	深さ優先探索とスタック	107
6.2.6	深さ優先探索の実装	108

6.3　最短距離を求める 109

6.3.1	グラフの最短経路	109
6.3.2	ダイクストラ法	110
6.3.3	ダイクストラ法の計算量	112
6.3.4	すべての頂点間の最短距離	112
6.3.5	動的計画法	113
6.3.6	Floyd-Warshall 法	113

第7章　問題を解くための技術　117

7.1　プログラミングの威力 117

| 7.1.1 | ナップサック問題 | 117 |

7.1.2	貪欲法	120
7.1.3	全部計算する	121
7.1.4	組合せ爆発	123

7.2 動的計画法の威力 123

7.2.1	ナップサック問題への適用	123
7.2.2	動的計画法による実装例	126
7.2.3	計算時間	127

第8章 問題の難しさ 129

8.1 計算にかかるコスト 129

8.1.1	計算時間の変化	129
8.1.2	多項式時間を越える例	132
8.1.3	計算量の単位	135
8.1.4	メモリに関するコスト	137

8.2 難しさの分類 138

8.2.1	クイックソート再び	138
8.2.2	コンピュータのモデル	138
8.2.3	P と NP	139
8.2.4	クラス NP	140
8.2.5	3SAT	141
8.2.6	NP 完全と NP 困難	143

第9章 乱択アルゴリズムと数論 145

9.1 アルゴリズムと乱数 145

9.1.1	クイックソートみたび	145
9.1.2	乱択アルゴリズムの種類	146
9.1.3	面接試験	146

9.2 数論入門 147

9.2.1	合同式	148
9.2.2	フェルマーの小定理	149
9.2.3	冪乗と余り	154

9.3 素数判定アルゴリズム 156

9.3.1	この数は素数か	157

9.3.2	合成数の証人	158
9.3.3	ラビン・ミラー素数判定法	159

第 10 章　現代社会を支えるアルゴリズム　163

10.1	ハッシュ関数	163
10.1.1	ファイルの内容を表現する文字列	163
10.1.2	MD5 ハッシュ関数	165
10.1.3	パスワードの保存	167
10.1.4	ハッシュと攻撃	167
10.1.5	ビットコインと暗号学的ハッシュ関数	168
10.2	公開鍵暗号	171
10.2.1	認証と暗号の必要性	171
10.2.2	暗号の種類	171
10.2.3	RSA 暗号	172
10.2.4	RSA 暗号の数学的な背景	173
10.2.5	RSA 暗号の実装	174
10.2.6	公開鍵暗号基盤	176
10.3	データ圧縮の技術	178
10.3.1	データ圧縮の基本	179
10.3.2	ブロックソート	180
10.3.3	ブロックソートを実装する	181

あとがき	185
参考文献	187
索　引	191

{ 第 1 章 }

Python入門

本章では，Python の基本的な文法と実際のプログラミングでよく使われる書き方を紹介する．Python のインストールやセットアップ，またコードの具体的な実行方法などについては，公開資料の Web ページ（https://github.com/tsjshg/pyalgdata）を参照してほしい．

➤ 1.1 文法の基本

Python の文法について簡潔にまとめておく．基本事項を詳しく説明する紙面の余裕はないので，不安な読者は巻末の参考文献などで知識を補強するとよいだろう．

▶ 1.1.1 数と文字列

プログラミング言語ではデータの型を意識する必要がある．Python では整数と小数は別のデータ型なので注意が必要だ．データの型は，組み込み関数 type で調べることができる．関数には引数を与えることができる．関数の名前を書いたあと，丸括弧で引数を与える[*1]．

```
type(2)
```

```
int
```

```
type(2.0)
```

```
float
```

[*1] 角が丸くなっている囲みが入力，影が付いた囲みが出力に相当する．入力は，Jupyter Notebook のように複数行を同時に実行できる環境を想定している．

このように数の表記の仕方で，データ型を区別することができる．これを，**リテラル**（literal）という．整数は英語で integer なので int，小数は float と表記される．小数については2章で詳しく説明する．

整数同士の演算は整数となり，整数と小数の演算結果は小数になる．ただし，除算は整数同士でも小数が戻ってくる．

```
10 / 5
```

```
2.0
```

加算（+），減算（-），乗算（*），除算（/）のほか，余り（剰余）（%），冪乗（**）といった演算子がある．また，除算の際に//を使うと，商を整数で得られる．

文字列は，単一引用符（'）または二重引用符（"）で囲む．どちらでも構わないが，両端で同じにする必要がある．

```
"I'm fine!"
```

```
"I'm fine!"
```

このように，文字列の中に単一引用符または二重引用符を含む場合は，全体を文字列中に含まない引用符で囲む．引用符を3つ連ねると複数行の文字列を定義することができる．

```
"""
八
百
屋
"""
```

```
'\n 八\n 百\n 屋\n'
```

\n は**制御文字**（control character）と呼ばれる特殊な文字で改行を意味する．ほかにはタブを意味する\t などがよく使われる制御文字だ．また，Python では標準で文字列を Unicode（UTF-8）として扱う．

データ型を意識することは重要だ．文字列同士は演算子+で連結できるが，文字列と整数はそのままでは連結できない．

```
'abc' + 'xyz'
```

```
'abcxyz'
```

次のコードはエラーになる．

```
'abc' + 4
```

```
---------------------------------------------------------------------------
TypeError                                 Traceback (most recent call last)
<ipython-input-16-4afe2c3bbfbd> in <module>
----> 1 'abc' + 4
TypeError: can only concatenate str (not "int") to str
```

組み込み関数 str を使うと，整数や小数を文字列型に変更できる．

```
'abc' + str(4)
```

```
'abc4'
```

コードに挿入するコメント行は，#で始める．コードが書かれている行の途中からコメントを書くこともできる．

```
#  結果の表示は省略します
3 * 5  # これもコメントです
```

複数行に渡るコメントは，すべての行の先頭に#を書いてもよいが，引用符を3つ連ねる文字列リテラルを複数行のコメントとして使うことができる．これは後ほど関数を紹介するところで具体的に説明する．

▶ 1.1.2 変数と比較演算

引用符のない文字列と何らかのデータを演算子=で結ぶと変数を定義できる．

```
my_variable = 23
```

Python では変数を定義するときに，データの型を明記する必要がない．また，変数はスネークケースと呼ばれる記法で書く習慣がある．単語をすべて小文字で記述し，単語の区切りをアンダースコアでつなげる方法だ．一度定義した変数に別のデータ型を代入することもできる．

```
my_variable = 'すいか'
```

演算と代入を同時にできる複合代入演算子がある.

```
my_variable *= 3
my_variable
```

```
'すいかすいかすいか'
```

これは，`my_variable * 3` と同じ意味になる.
　組み込み関数 `len` を使うと，文字列の長さを知ることができる.

```
len(my_variable) == 9
```

```
True
```

　3文字が3回で9文字になる．`==`は両辺が等しいかどうかを計算し，`True`（真）または`False`（偽）を返す．これらは真偽値型と呼ばれる基本的なデータ型の1つだ.
　数の大小関係は不等号を使う．以上，以下などその数自身を含むときは不等号と等号を組み合わせた演算子を使う.

```
x = 5
x >= 5
```

```
True
```

　等しくないかどうかを確かめるには，`!=`を使う.
　何もないことを表現する `None` というデータ型がある．変数が `None` かどうかは，`is` という演算子で調べることができる．また，否定するときは `not` を書けばよい.

```
my_variable is not None
```

```
True
```

1.1.3　コンテナデータ型

実際のプログラミングでは数や文字列を1つのデータ型としてまとめて扱うことが多い．このよう

にデータをまとめて扱えるデータ型をコンテナ型と呼ぶ．よく利用されるものに，リスト型，辞書型，タプル，セットがある．

角括弧 [] の中に要素をカンマで並べて書くとリスト型のデータを作ることができる．カンマのあとに半角スペースを1つ入れる習慣がある．

```
my_list = [10, 20, 30]
```

リストから要素を取り出すための添え字（インデックス）は0から始まる．

```
my_list[0]
```

```
10
```

リストには append メソッドを使って要素を追加できる．メソッドとは，あるオブジェクトに紐付いた関数のことだ．オブジェクトについては後述する．

```
my_list.append(40)
my_list
```

```
[10, 20, 30, 40]
```

添え字は負の数を指定することもできる．-1 が最後の要素になり，数字が減るごとに先頭へ近づいていく．

```
my_list[-1]
```

```
40
```

```
my_list[-2]
```

```
30
```

空のリストは，[] を書くか組み込み関数 list を引数なしで呼ぶ．

```
empty_list_1 = []
empty_list_2 = list()
```

すべての要素が同じ，特定の長さのリストがほしい場合は，演算子*を使うことができる．0 が 10
個格納されたリストは次のコードで用意できる．

```
ten_zero_list = [0] * 10
ten_zero_list
```

```
[0, 0, 0, 0, 0, 0, 0, 0, 0, 0]
```

辞書型はキーと値のペアを保持するデータ型だ．波括弧{}でキーと値のペアをカンマ区切りで並べ
る．キーと値はコロンで区切る．

```
my_dict = {'key1': 10, 'key2': 20, 'key3': 30}
```

要素へのアクセスには角括弧を使う．キーを使って要素にアクセスする．

```
my_dict['key2']
```

```
20
```

新たなキーと値のペアは，角括弧を使って次のように記述できる．

```
my_dict['key4'] = 40
```

存在しないキーを使って要素へアクセスしようとするとエラーになる．

```
# エラーの出力は省略する
my_dict['key5']
```

空の辞書型は，{}か組み込み関数 dict で用意する．

```
{} == dict()
```

```
True
```

タプルは，変更できないリストと考えるとわかりやすい．タプルの定義には，丸括弧 () を使う．

```
my_tuple = (10, 20, 30)
```

要素のアクセスには角括弧を使う.

```
my_tuple[1]
```

```
20
```

タプルは,一度定義すると変更できない.これは欠点のように見えるが,タプルは辞書型のキーにできる.一方,リストは辞書型のキーにはできない.

セットは集合を表現するデータ型で,{}か組み込み関数 set を使って用意する.セットは要素の重複を許さない.

```
{1, 2, 2, 2, 3, 4, 5}
```

```
{1, 2, 3, 4, 5}
```

```
set('abcccd')
```

```
{'a', 'b', 'c', 'd'}
```

重複している 2 や'c'が 1 つにまとまっていることがわかる.set には add メソッドを使って要素の追加ができる.空のセットを用意するには set() を使う.{}とだけ書くと辞書型になってしまうので注意が必要だ.

▶ 1.1.4 変更できるかどうか

文字列には添え字を使って各文字にアクセスできるが,リストのように要素を変更することはできない.

```
my_str = 'abcdef'
my_str[2]
```

```
'c'
```

```
# このコードはエラーになる
my_str[2] = 'C'
```

このように変更できないデータ型を**イミュータブル**（immutable）という．タプルもイミュータブルだ．一方，リストは各要素を変更できるので，**ミュータブル**（mutable）と呼ばれる．

▶ 1.1.5 組み込み関数

ここまでの説明ですでに，type や len などの組み込み関数を紹介した．組み込み関数は，前準備なしに使うことができる．よく使われる組み込み関数を紹介しておこう．

画面への表示は print を使う．いくつかの要素を並べて表示することが可能で，引数 sep によって区切り文字も指定できる．

```
print(1, 2, 3)
```

```
1 2 3
```

```
print(1, 2, 3, sep='/')
```

```
1/2/3
```

range 関数は引数を 1 つだけ受け取ると，0 からその数の 1 つ手前まで整数を順に返す range 型のオブジェクトを作る．以下のコードでは組み込み関数 list を使って，range 型のデータをリスト型に変換している．

```
list(range(10))
```

```
[0, 1, 2, 3, 4, 5, 6, 7, 8, 9]
```

プログラミングでは，最初を含んで最後を含まないという書き方をよくする．次の例は，5 から始めて 10 の 1 つ手前までということになる．

```
list(range(5, 10))
```

```
[5, 6, 7, 8, 9]
```

3 つ目の引数でステップ数も指定できる．

```
list(range(0, 10, 2))
```

```
[0, 2, 4, 6, 8]
```

コードを文字列として受け取り，実行した結果を返す関数 eval もある．

```
eval('2 + 3')
```

```
5
```

1.1.6 モジュールのインポート

組み込み関数以外の関数やクラスを利用したい場合は，import 文を使って読み込む必要がある．Python の標準ライブラリとして付属する random モジュールを読み込むには，以下のようにする．

```
import random
```

これで random に含まれる関数などが利用できる．0〜1までの（1を含まない）小数をランダムに1つ生成するには，random.random() を使う．

```
random.seed(1)
random.random()
```

```
0.13436424411240122
```

乱数の seed を固定すると，同一の環境では，同じ乱数列を再現できる．本書では random モジュールを使うときに，seed を章番号で固定する．

1.1.7 制御構文

Python の制御構文は，繰り返しの for 文と while 文，条件分岐の if 文から構成される．

```
for i in range(3):
    print(i)
```

```
0
1
2
```

range 関数で 0, 1, 2 の整数を作り，これが順に for 文の変数 i に格納される．for の行はコロンで

終わり，次の行から半角スペース 4 つ分でインデントする．コードのブロックをインデントで表現することは Python の特徴で，ブロック全体を波括弧などで囲む必要がないためコードがすっきりする．

　文字列やリスト型など次々に値をとってこられるデータ型を for 文の in の後ろに書くと，要素を 1 つ 1 つ処理できる．

```python
for c in 'abc':
    print(c)
```

```
a
b
c
```

添え字がほしいときは，組み込み関数 enumerate を使うと便利だ．

```python
for i, c in enumerate('abc'):
    print(i, c)
```

```
0 a
1 b
2 c
```

　条件分岐は，if 文を使う．for 文と同じように，if 文の行はコロンで終わり，それ以降のコードブロックをスペース 4 つ分インデントする．

```python
num = random.random()

if num < 0.5:
    print('small')
```

条件が成立しなかったときのために，else を付け加えることができる．

```python
if num < 0.5:
    print('small')
else:
    print('large')
```

```
large
```

elif を使うと if と else の間で細かく条件を分岐することができる．

```python
if num < 0.1:
    print('small')
elif num < 0.9:
    print('middle')
else:
    print('large')
```

```
middle
```

while 文は条件が成立している間ずっとループを回し続ける.

```python
cnt = 0
while cnt < 3:
    print(cnt)
    cnt += 1
```

```
0
1
2
```

while 文と if 文を組み合わせると, break というキーワード[*2] を使って, ループを途中で抜けるコードを書くこともできる.

```python
cnt = 0
while True:
    print(cnt)
    cnt += 1
    if cnt >= 3: break
```

```
0
1
2
```

break が実行されるとその場でループから抜ける. if のあとのコードブロックが 1 行の場合は, このようにコロンに続けて書くこともできる.

ループの制御においては, continue というキーワードもある. こちらは, 条件が成立したときに, そのループの以降の処理をスキップし, 次のループ処理へ移行する.

[*2] プログラミング言語がプログラムを記述するために利用する単語を, キーワードまたは予約語という. if や while もキーワードで, これらは変数名には使うことができない. その単語がキーワードかどうかは, keyword モジュールの iskeyword で確認できる.

```
for c in 'xyz':
    if c == 'y': continue
    print(c)
```

```
x
z
```

▶ 1.1.8 関数の作り方

関数は def というキーワードを使って定義する．制御構文と同じように，def の行はコロンで終わり，次の行から関数の内部であることがわかるようにインデントする．

```
def func():
    pass
```

これは何もしない関数だ．Python ではインデントでコードブロックを表現するため，コロンで終わった次の行に，何も書かないということが許されない．このため，pass というキーワードがある．

```
func()
```

何もしない関数なので，実行しても何も起こらない．

関数は引数をもたなくても，丸括弧をつけて呼び出す必要があった．引数を2つとって，1つ目の引数を2つ目の引数で割った値を返す簡単な関数を作ってみよう．

```
def func_div(a, b):
    return a / b
```

関数の名前もスネークケースを用いる習慣がある．引数はカンマで区切って並べる．return を使うと，関数の外へ値を戻すことができる．これは戻り値と呼ばれる．

次のコードに示すように，関数の引数にはデフォルト値を与えることができる．

```
def func_cal(a, b, prefix='<-- ', postfix=' -->'):
    return prefix + str(a / b) + postfix

func_cal(3,2)
```

```
'<-- 1.5 -->'
```

引数の名前を指定すれば順番を入れ替えることもできる．

```
func_cal(postfix=']', prefix='[', b=2, a=3)
```

```
'[1.5]'
```

関数を定義したときには，docstring と呼ばれる文字列にコメントを書く習慣をつけるとよいだろう．関数を定義した直後に，二重引用符を 3 つ連ねて書く方法が一般的だ．

```python
def func_with_docstring():
    """ この関数はdocstring の練習用
    呼び出されると, None を返す
    """
    return None
```

関数の__doc__属性にこの文字列が格納されている．

```
func_with_docstring.__doc__
```

```
' この関数は docstring の練習用\n    呼び出されると, None を返す\n    '
```

この形式で記述しておくと，組み込み関数 help がこの文字列を表示してくる．

```
help(func_with_docstring)
```

```
Help on function func_with_docstring in module __main__:

func_with_docstring()
    この関数は docstring の練習用
    呼び出されると, None を返す
```

▶ 1.1.9 変数とスコープ

変数は何らかの名前空間に属している．Python では関数の外側に相当するグローバル名前空間と関数の内側に相当するローカル名前空間をまず意識するとわかりやすい．スコープとは，変数名だけで，つまり何の修飾もなしにそのオブジェクトにアクセスできる範囲のことだ．次の例を見てみよう．関

数の外側で定義した変数はグローバル名前空間に属する．関数の内側からのスコープは，このグローバル名前空間に達するため，関数の中からこのオブジェクトにアクセスできる．

```python
scope_list = [1, 2, 3]

def test_func():
    scope_list.append(40)
    print(scope_list)
```

```python
test_func()
```

```
[1, 2, 3, 40]
```

ローカル名前空間は，関数の中に入るとグローバル名前空間とは別に用意されるものだ．そのため，ローカル名前空間の中で新たに定義された変数はこの空間に属し，その外には影響を与えない．

```python
def test_func2():
    scope_list = []
    print(scope_list)
```

```python
test_func2()
```

```
[]
```

```python
scope_list
```

```
[1, 2, 3, 40]
```

関数の中で定義された `scope_list` は外部の `scope_list` に影響を与えていないことがわかる．

▶ 1.1.10 クラスを作る

プログラミング言語の分類の1つに，オブジェクト指向言語というものがある．Python もこれに該当する．オブジェクトとは「モノ」を意味する単語だ．これはかなり漠然とした概念であるため，プログラミングでオブジェクトというと，かなりわかりにくい印象がある．あまり厳密に考えず，整数や文字列，リストや辞書などプログラミングに出てくるモノはほとんどすべてオブジェクトだと考え

て差し支えない．ちなみに，関数もオブジェクトだ．

オブジェクトの設計図がクラスだ．どのようなオブジェクトを生成するかをクラスに記述する．クラスは設計図なので，実際に使うときにはインスタンス（実体）を作る必要がある．

新しいクラスは，class というキーワードを使って作る．クラスの名前を書いたあとにコロンを書き，インデントして具体的なコードを記述する．pass を使って空っぽのクラスを設計してみよう．

```
class TestClass:
    pass
```

クラスの名前は，単語の先頭を大文字で書き，これらをアンダースコアを使わずにつなぐキャメルケースと呼ばれる記法で書く習慣がある．TestClass の実体（インスタンス）を次のコードで作ることができる．

```
my_class = TestClass()
```

特殊メソッドの１つである__init__を追加すると，クラスのインスタンスが作られるときの動作を記述できる．サイコロを模したクラスを作ってみよう．通常サイコロは六面体だが，この数をクラスの初期化時に指定できるようにする．サイコロを振るという意味の shot というメソッドをもち，ランダムに数字を選んで返す．

```
class Dice:

    def __init__(self, num):
        self.face_num = num

    def shot(self):
        return random.randint(1, self.face_num)
```

```
dice = Dice(6)
dice.shot()
```

```
1
```

クラスのメソッドは，１つ目の引数として self をとることに注意しよう．self はインスタンス（実体）への参照を与える．このため，shot のようなメソッドをインスタンスメソッドと呼ぶこともある．インスタンスメソッドに対して，クラスメソッドを作ることもできる．クラスのインスタンスがな

くても実行できるメソッドだ．クラスメソッドを定義する場合は，メソッドを@classmethod で修飾し，1 つ目の引数を cls にする．これは 8 章で実際に利用する．

1.1.11 namedtuple

会員番号と名前のペアをいくつかまとめて保持する状況を考えよう．2 つのデータはタプルで管理し，これをリストに並べるとする．タプルは便利だが，アクセスするときにどちらが会員番号でどちらが名前か番号で指定する必要がある．

```python
data = []
data.append((101, 'Taro'))
data.append((102, 'Jiro'))
data.append((103, 'Hanako'))
data[0][1]
```

```
'Taro'
```

collections モジュールの namedtuple を使うと，タプルの各要素に名前をつけることができるので，コードがわかりやすくなる．namedtuple は簡単なクラスを作ることに相当するので，クラス名を決める必要がある．

```python
from collections import namedtuple

Person = namedtuple('Person', ['ID', 'name'])
p = Person(101, 'Taro')
p.name
```

```
'Taro'
```

namedtuple はこれだけのコードで，画面表示も見やすくフォーマットしてくれる．

```python
print(p)
```

```
Person(ID=101, name='Taro')
```

1.1.12 エラー処理

エラーが発生する可能性がある箇所は，try と except で囲むことで，発生する可能性のあるエラーを処理できる．

```
try:
    # 0での除算は許されていないのでエラーになる
    4 / 0
except:
    print('error!')
```

```
error!
```

エラーには種類があり，組み込み例外としてよく使われるエラーが用意されている．例えば，値が不正な場合には ValueError を発生させるとよいだろう．これには，raise キーワードを使う．また except のあとにこのエラーの種類を指定することで，種類ごとにエラー処理を記述することができる．

```
raise ValueError('値が不正です．')
```

```
--------------------------------------------------------------------------
ValueError                                Traceback (most recent call last)
<ipython-input-180-b5fd19448faf> in <module>
----> 1 raise ValueError('値が不正です．')
ValueError: 値が不正です．
```

➤ 1.2 実践的なプログラミング

本書は，アルゴリズムを学びながらプログラムを作る力を鍛えることを目指している．本書で紹介する実装例では，少し発展的な書き方も取り入れているので，ここにまとめておく．

● 1.2.1 文字列のフォーマットメソッド

いくつかの変数を使って動的[3]に文字列を構成したいことはよくある．文字列には，format というメソッドがあり，次のようなコードを書くことができる．

```
a = 10
b = 5
'{} / {} = {}'.format(a, b, a/b)
```

```
'10 / 5 = 2.0'
```

文字列リテラルの先頭に f を記述することで，さらに短く書くこともできる．

---

[3] 動的とは dynamic の訳で，変化するという意味がある．ここでは，文字列を変数の内容によって変えることを意味する．

```
# 同じ結果になる
f'{a} / {b} = {a/b}'
```

1.2.2 スライス記法

スライス記法を使うと短いコードでリストの要素を自在に取り出すことができる．まず 10 から 19 まで 10 個の要素をもつリストを用意する．

```
test_list = list(range(10, 20))
test_list
```

```
[10, 11, 12, 13, 14, 15, 16, 17, 18, 19]
```

添え字 2（3 つ目）の要素から，添え字 5 の要素の 1 つ手前までは，次のコードで取り出せる．

```
test_list[2:5]
```

```
[12, 13, 14]
```

コロンの後を省略すると最後まで，前を省略すると最初からという意味になる．

```
test_list[2:]
```

```
[12, 13, 14, 15, 16, 17, 18, 19]
```

```
test_list[:5]
```

```
[10, 11, 12, 13, 14]
```

負の添え字も使うことができる．

```
# 最後の 3つ
test_list[-3:]
```

```
[17, 18, 19]
```

添え字が範囲を超えていると空のリストが戻ってくる.

```
test_list[100:]
```

```
[]
```

range 関数の引数のように間隔も指定できる.

```
# 1 つ飛ばしでデータを取得
test_list[::2]
```

```
[10, 12, 14, 16, 18]
```

次のコードでリストを逆順にすることができる.

```
test_list[::-1]
```

```
[19, 18, 17, 16, 15, 14, 13, 12, 11, 10]
```

1.2.3 無名関数

組み込み関数 map は, 関数を引数にとり, リストの要素へ順にこの関数を適用してくれる.

```
# 整数のリストが文字列のリストになる
list(map(str, [1, 2, 3]))
```

```
['1', '2', '3']
```

引数にとった整数を文字列に変換して飾りをつける関数を作ってみよう.

```
def add_frill(val):
    return '<<< {} >>>'.format(val)
```

```
list(map(add_frill, [1, 2, 3]))
```

```
['<<< 1 >>>', '<<< 2 >>>', '<<< 3 >>>']
```

このような短い関数に名前をつける手間を省くために, lambda というキーワードを使って無名関数

を作ることができる.

```
# 同じ結果になる
list(map(lambda val: '<<< {} >>>'.format(val), [1, 2, 3]))
```

lambda のあとに引数を書く.複数ある場合はカンマで区切る.コロンのあとに書いた式を評価した値がそのまま関数の戻り値になる.

▶ 1.2.4　リストのソート

リストは sort メソッドや組み込み関数 sorted でソートできる [*4].リストの要素がリストやタプルになっている場合は,先頭の要素がソートに使われる.

```
sort_list = [(2, 'y'), (3, 'x'), (1, 'z')]
```

```
sorted(sort_list)
```
```
[(1, 'z'), (2, 'y'), (3, 'x')]
```

key という引数に関数を指定することで,何番目をソートに利用するかを指定することもできる.

```
sorted(sort_list, key=lambda x: x[1])
```
```
[(3, 'x'), (2, 'y'), (1, 'z')]
```

ここでも無名関数が使われている.リストの各要素はタプルになっており,ソートの際に各要素の2番目（添え字 1）がソートに使われるようになる.

sorted の引数に reverse があり,これを True とするとソートされたあと順番が逆になって値が戻ってくる.つまり,通常は昇順でソートされる動作を降順に変えることができる.単純に引数にとったリストの逆順を返す reversed という組み込み関数もある.

▶ 1.2.5　内包表記

次のコードで新たなリストを作ることができる.これは**リスト内包表記**（list comprehension）と呼ばれている.

[*4] 関数 sorted は引数にとったリストを変更せず新たにソートされたリストを返す.一方,リストの sort メソッドは自分自身を変更する.

```python
new_list = [x for x in range(10)]
new_list
```

```
[0, 1, 2, 3, 4, 5, 6, 7, 8, 9]
```

これは次のコードと同じ意味になる.

```python
new_list = []
for v in range(10):
    new_list.append(v)
```

if 文と組み合わせて, 少し高度な記述も可能だ.

```python
even_list = [x for x in range(10) if x%2 == 0]
even_list
```

```
[0, 2, 4, 6, 8]
```

辞書型でも内包表記を使うことができる.

```python
new_dict = {num: '<{}>'.format(num) for num in range(3)}
new_dict
```

```
{0: '<0>', 1: '<1>', 2: '<2>'}
```

▶ 1.2.6 条件の評価

if 文や while 文などで条件を判定する場合, オブジェクトをそのまま利用することができる. 空のオブジェクトは False になり, 何らかの値が入っているものは, True と判定される. これらの判定結果は, 組み込み関数 bool を使って確認できる.

```python
bool([])
```

```
False
```

以下のコードもすべて結果は False になる.

```
bool({})
```

```
bool('')
```

```
bool(0)
```

```
bool(None)
```

この性質を使うと，次のようなコードを書くことができる．

```python
pop_list = [1, 2, 3]
while pop_list:
    print(pop_list.pop())
```

```
3
2
1
```

リストの pop メソッドは，末尾の要素をリストから取り出す．要素が1つずつなくなっていき，最後に空になったところで，while 文の条件が False で成立しなくなりループが終了する．

リストに要素がいくつか格納されている場合，それらすべてを使って全体の真偽値を計算できる関数がある．all はすべてが True の場合 True を返し，any は1つでも True があると True を返す．これは，個別の要素を bool で評価したものをまとめる計算と等しい．

```python
all([True, False, True])
```

```
False
```

```python
# 1がTrue の根拠になる
any(['', 0, None, 1])
```

```
True
```

▶ 1.2.7 便利な代入方法

複数の変数を初期化するには次のように記述する.

```
a = b = 10
print(a, b)
```

```
10 10
```

別々の値を代入したい場合も1行で書くことができる.

```
a, b, c = 2, 3, 4
```

タプルの各要素を次のようなコードでバラバラにできる.

```
i, j = (2, 3)
```

```
print(i, j)
```

```
2 3
```

関数が複数の値を返すときも,別々の変数を用意して受け取ることができる.

```
def ret_vals():
    return 'a', 2, 5.5
```

```
s, i, f = ret_vals()
```

```
print(s, i, f)
```

```
a 2 5.5
```

1つの変数で受け取ると,タプルになる.

```
res = ret_vals()
res
```

```
('a', 2, 5.5)
```

逆に，関数へ引数を渡すときに，リストやタプルを要素ごとに分解することもできる．

```
print(*res)
```

```
a 2 5.5
```

これは，`print(res[0], res[1], res[2])` というコードと同じだ．
条件によって変数に代入する値を変えることができる．これを三項演算子と呼ぶ．

```
x = 5
cond = '3以上' if x >= 3 else '3未満'
cond
```

```
'3 以上'
```

これは，`if` と `else` を使った条件分岐を 1 行で書いていることになる．

● 1.2.8 関数の再帰呼び出し

関数の中で自分自身の関数を呼び出す処理を再帰呼び出しという．Python では再帰的な関数を定義できる．自然数の階乗（$n!$）を計算する関数を再帰呼び出しを使って書くと次のようになる．

```python
def factorial(n):
    if n <= 0:
        return 1
    return n * factorial(n-1)
```

```
factorial(3)
```

```
6
```

再帰呼び出しはアルゴリズムの実装でよく利用される．実装がシンプルになる反面，少しわかりにくいのも事実だろう．また，値を返すコードを入れ忘れると，再帰呼び出しが無限ループに陥ってし

まう．慣れないうちは再帰呼び出しを使わずにコードを書くことをすすめる．本書でもいくつか再帰を使った実装を示すので，その都度理解を深めていくとよいだろう．

1.2.9 コーディングのスタイル

　プログラムは文法に違反しなければどのような書き方も許される．しかし，ある程度の決まりを作ってそれを皆で共有したほうが，プログラムのスタイルが統一されるため，可読性の向上につながる．Python には，PEP8 と呼ばれるコーディング規約があるので，これに従ってコードを書くようにするとよいだろう．PEP8 には，空白や空行の入れ方，変数や関数名はスネークケースと呼ばれる小文字をアンダースコアでつなげたスタイルで書くことなど，さまざまな指針が書かれている．本書のコードも PEP8 に準拠するようにしているが，一部わかりやすさや紙面の都合を優先して PEP8 の決まりを守っていない部分もある．バグがなく動くコードを書くことが先なので，スタイルに必要以上に縛られなくてもよいが，初学者のころからコーディングのスタイルを意識していると綺麗なコードが書けるようになるだろう．

　プログラミングをしていて，悩ましいことの 1 つに変数名の決め方がある．状況に応じて適切な変数名をつけられるスキルは，一朝一夕では身につかない．本書でも，結果を一時的に格納するために res（result の略）や，一時的にしか使わないデータに temp（temporal の略）といった変数名をつけているが，これが最善というわけではない．別の人が書いたコードを読むなどして，少しずつ技術を向上させるとよいだろう．

　ちなみに，PEP[*5] とは Python Enhancement Proposal の略で，Python をよくするための提案という意味だ．PEP のあとには番号が続く．現在も Python の機能を向上させるためにさまざまな PEP が提案され，議論されている．

➤ 第1章　練習問題

1.1 Python で 9/2 を計算すると答えはいくつになるか．また，9//2 とするとどうか．これらの計算結果の違いについて説明せよ．9.0//2 の結果を対話モードで実行し確認せよ．

1.2 次の記述の真偽を答えよ．
a = list(range(0, 10)) と b = list(range(10, 0, -1)) というコードを実行したとき，a と b はともに長さ 10 のリストで，含まれる要素は同じだが順番が逆になっている．

1.3 次のコードを while 文を使って書き換えよ．このとき，要素の出力順は問わない．

```python
my_list = [1, 2, 3]
for v in my_list:
    print(v)
```

[*5]「ペップ」と発音されることもある．

1.4 次のコード（2行目と3行目）の違いを説明せよ. print の引数 sep を使い, 違いがよりわかりやすくなるコードも作成せよ.

```
my_list = [1, 2, 3]
print(my_list)
print(*my_list)
```

1.5 受け取った文字列を逆順に表示する関数を作成せよ. どのような書き方でもよいが, 余裕があれば再帰呼び出しを使った書き方に挑戦してほしい.

{ 第 **2** 章 }

コンピュータ科学の基本

コンピュータの基本的な仕組みと，アルゴリズムやデータ構造には密接な関係がある．まずはコンピュータの仕組みを知ったあと，数の表現方法を学び，メモリ上のデータの扱いからアルゴリズムの計算量を見積もる方法までを説明する．

➤ 2.1 コンピュータの基本原理

身の回りにあふれるコンピュータは，いったいどのような仕組みで動いているのだろうか．ハードウェアの基本的な構成とビットやバイトなどの単位，整数や小数の表現方法を説明する．

● 2.1.1 ハードウェアの構成

現代の日常生活においては，身の回りにコンピュータを内蔵した製品があふれている．洗濯機から自動車までほとんどの工業製品が，内部にコンピュータを搭載している．スマートフォンは名前こそ電話のようであるが，通信機能を内蔵した立派なコンピュータだ．いろいろな形のコンピュータがあるが，ここではパーソナルコンピュータ（パソコン，PC）と呼ばれる一般的なコンピュータを想定しよう．macOS や Windows，Linux などの**オペレーティングシステム**（Operating System: **OS**）を搭載し，キーボードやマウスなどを使って操作するコンピュータのことだ．このようなコンピュータのハードウェア構成を図 2.1 に示す．

コンピュータには，**中央演算処理装置**（Central Processing Unit: **CPU**）があり，これが最も重要な役割を果たしている．CPU は小さな命令を高速で次々に処理することを目的に作られている．CPU のクロック周波数は，1 秒間に何回この命令処理ができるかを示している．最近はこの性能表示に GHz（ギガヘルツ）の単位が使われることが多いので，1 秒間に 10 億回以上の命令実行ができることになる[*1]．

[*1] ここでいう命令は，数の足し算や引き算といった通常イメージするような計算ではない．このような普通の計算には，CPU のクロック周波数の何回分もの命令実行が必要になる．

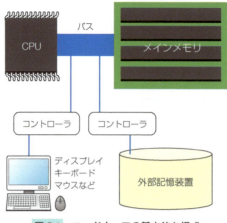

図 2.1　ハードウェアの基本的な構成

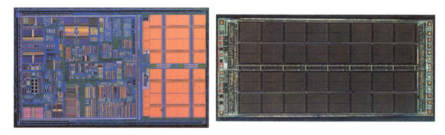

図 2.2　CPU（左）とメインメモリ（右）の拡大写真

[出典：（左）Public domain/flickr,（右）ZeptoBars/Wikimedia Commons]

　Webブラウザで情報を探していても，画像処理ソフトで何か絵を描いていても，そのほとんどのデータはメインメモリ（主記憶装置）上にある．メインメモリのデータは，PCの電源を落としてしまうと失われてしまうので，通常は外部記憶装置がありここに必要なデータを保存しておく．

　CPUやメモリの実体は高度に集積された電子回路であり，半導体と呼ばれる素材で作られている．図 2.2 は，CPUとメインメモリに使われている電子回路を拡大した写真だ．CPUは回路が入り組んでいるのに対し，メインメモリは回路が規則正しく並んでいるのがわかるだろう．両者は同じ半導体だが，CPUはいろいろな命令を実行するのに対し，メインメモリはデータの書き込みと読み込みに特化している．この役割の違いが，構造に現われている．

　CPUも内部に**レジスタ**（register）と呼ばれる計算用の小さなメモリをもっているが，ほとんどのデータはメインメモリ上にあるので，CPUとメインメモリの間の通信は重要だ．このために**バス**（bus）と呼ばれる高速な接続環境が用意されている．バスにはコントローラを介して，ディスプレイやキーボードなどの周辺機器，さらに外部記憶装置が接続されている．

　コンピュータの黎明期において外部記憶装置には磁気テープが使われていた．その後，金属素材の上に磁気でデータを書き込むハードディスクドライブ（HDD）が開発された．データの受け渡しには，

プラスチック製の素材に磁性体をコーティングしたフロッピーディスクが使われていた時期もあった. これらの仕組みが最近では, メインメモリと同じように半導体で実現されるようになりつつある. ハードディスクの代わりに SSD (Solid State Drive) が多く使われるようになっており, データの受け渡しは USB メモリが主流になっている.

メインメモリは, RAM (Random Access Memory) と呼ばれることもある. RAM はデータの場所さえわかれば, 広大なメモリ領域から非常に短い時間でデータの読み書きができる. データの場所は番地 (アドレス) と呼ばれる. CPU はこの番地とそのデータに対する処理命令を受け取り次々に計算を実行する. CPU とメモリの間ではこうしたデータが忙しくやりとりされているのである. メインメモリの動作は, CPU のクロック周波数よりは遅いがかなり高速に動作する. しかしこれを実現するために高価な半導体を使う必要があり, コンピュータの電源を切るとデータが失われてしまう. このため, 読み書きの速度はメインメモリに遠く及ばないが, 電源が切れてもデータを保持できる外部記憶装置が必要となる. 将来, ハードウェア技術の進歩によって, 高速に動作しながら電源を切っても記憶内容が失われないデバイスが実用化されれば, メインメモリと外部記憶装置の区別はなくなっていくかも知れない.

> **参考 2.1** 「世界初のデジタルコンピュータを誰が開発したのか」という問いに応えるのは難しい. 一般的には, フォン・ノイマンだといわれており, 現在使われているコンピュータをノイマン型と呼ぶこともある. しかし, ゴールドスタイン, モークリー, エッカートといった人物も初期のコンピュータ開発に深くかかわっており, ノイマンだけの功績とするのは物事を単純化しすぎているといえそうだ. コンピュータの歴史については, 参考文献 13 に詳しく書かれている.

2.1.2 ビットとバイト

半導体という単語をそのまま解釈すると, 半分電気を通す物体 (導体) となる. 実際には電圧の高低によって 2 種類の状態を保持できる仕組みになっている. 電圧の高い状態を 1, 低い状態を 0 としよう. これは**ビット** (bit) という単位で表現される. 1 ビットは 0 または 1 のどちらかを表現できる. ビットをいくつも並べていけば, 表現できる状態の数が多くなる. 2 ビットあれば, 2 桁あることになるので, $2 \times 2 = 4$ 通りの状態を表現できるわけだ. 歴史的な経緯もあり, **バイト** (byte) という単位もよく使われる. 通常は, 8 ビットを 1 バイトとするので, 1 バイトで $2^8 = 256$ 通りの状態を表現できる[*2].

CPU が 1 回の計算で扱うデータのサイズは, ビットで表現されることが多い. 初期の CPU は 4 ビットほどだったが, 最近の CPU は 64 ビットが主流になっている. 32 ビットや 64 ビットといった

[*2] 1980 年代のコンピュータプログラムには, 当時の CPU の速度不足を補うため, バイト列がそのまま含まれることも多かった. これには通常 2 桁の 16 進数が使われた. 16 進数は 0~9 と A~F の文字を使うので, 2 桁あると $16 \times 16 = 256$ となり, 1 バイトを表現できる.

サイズを 1 **ワード**（word）という単位で表現することもある．64 ビットが 1 ワードならば，8 バイトが 1 ワードになるともいえる．

2.1.3 数の表現方法

我々が日常生活で **10 進数**（decimal number）を使うのは，指が合計 10 本だからという説がある．もしそうだとすると，人類の指が 8 本だったら，8 進数が使われていたのかもしれない．

使い慣れた 10 進数について，その構造をもう一度おさらいしておこう．これは，コンピュータの内部で数がどのように表現されているかを理解するための準備運動でもある．

10 進数には 10 種類の文字と位取りのための小数点を使う．アラビア数字と呼ばれる文字が世界的に使われている．0〜9 の 10 文字だ．これらを並べて数を表現する．並べるときの位は 10 の累乗と関係している．341.95 という数を考えてみよう．整数部分は，3 つの $100 = 10^2$ と 4 つの $10 = 10^1$，それに 1 つの $1 = 10^0$ からできている．また小数部分は，9 つの $0.1 = 10^{-1}$ と 5 つの $0.01 = 10^{-2}$ からできている（図 2.3）．

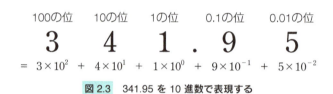

図 2.3 341.95 を 10 進数で表現する

10 進数で表現された数を 10 倍することを考えよう．341.95 を 10 倍すると，3419.5 になる．これは小数点を右へ 1 つずらす処理だ．341 を 10 倍するなら，空いた桁に 0 を埋め 3410 となる．逆に 10 で割る（$\frac{1}{10}$ 倍する）計算は，小数点を左にずらせばよいことになる．

2.1.4 2 進数と整数

コンピュータは 0 と 1 を使って状態を表現する機械なので，**2 進数**（binary number）を使う．また，数を表現する場合，整数と小数を区別するのが一般的だ．そこでまず，2 進数の整数についてみていこう．

Python の組み込み関数 bin は，整数の 2 進数表現を返してくれる．

```
bin(2)
```

```
'0b10'
```

結果は文字列で返ってくる．先頭の「0b」はこれが 2 進数表現であることを示す接頭辞なので，10 進数の 2 を 2 進数で表現すると 10 ということになる．これは 0 から数えていくとわかりやすい．最初

が0で次が1だが文字が2種類しかないので，次の2を表現するところで桁が1つ上がり10となる．

2進数で1111は10進数で表現するといくつになるだろうか．$1 \times 2^3 + 1 \times 2^2 + 1 \times 2^1 + 1 \times 2^0$ という計算をすればよい．答えは15だ．

接頭辞0bをつけると，Pythonの処理系に2進数をそのまま渡すことができる．数字なので引用符で囲わないことに注意しよう．

```
0b1111
```

```
15
```

0b1111という2進数で表記された数を受け取り，Pythonが10進数表現を返している．

整数の表現に何ビット使うかによって，扱える整数の最大値が決まる．一般的なコンピュータの処理系は，32ビット（4バイト）または64ビット（8バイト）で，1つの整数を表現することが多い．例えば32ビットを使って正の整数を表現するなら，0から0b11111111111111111111111111111111（0bのあと1が32個）まで扱うことができる．

```
0b11111111111111111111111111111111
```

```
4294967295
```

43億弱という数だ．負の整数も利用したい場合は，1ビットを符号用に割り当て残り31ビット分で数を表現する[*3]．

Pythonでは扱える整数の大きさに上限はない．メモリが許す限り大きな整数を扱うことができる．ただこれは内部でさまざまな工夫がなされている結果であり，一般的には32ビットや64ビットの整数型を使って計算することが多い．Pythonの数値計算でよく使われるNumpyという外部ライブラリでも，環境に応じて32ビットや64ビットの整数が使われる．

▶ 2.1.5 整数と桁数

10進数では数を10倍すると桁数が1つ増える．同じように2進数では数を2倍すると桁数が1つ増えることになる．

```
bin(5)
```

```
'0b101'
```

[*3] 実際のコンピュータの内部では **2の補数**（two's complement）**記法**が広く使われている．この方法では，最も左のビットで符号を表現し，これが0の場合は正の数で，1の場合は負の数になる．正の数は通常通りの2進数表現になるが，負の数はすべてのビットが1になる数を -1 とする．$-2, -3$ と進むごとに符号ビット以外のビットから1を引いていく．詳しく知りたい読者は，参考文献3などコンピュータ科学の入門書にあたるとよいだろう．

5 の 2 進数表現は 3 桁になる．2 倍して桁数を確認してみよう．

```
bin(5*2)
```

```
'0b1010'
```

左に 1 つずれて，空いた一番右の桁に 0 が埋まり 4 桁になったことがわかる．

ビットシフト演算子を使っても同じ計算ができる．次のようなコードを実行してみよう．

```
5 << 1
```

```
10
```

<< はビットを左にずらす演算をする．1 と書かれているので 1 桁分ずらす．結果として 5 が 2 倍されて 10 になる．

同様に 2 で割るという行為は，ビットを右にずらすことを意味する．

```
bin(18)
```

```
'0b10010'
```

```
bin(18//2)
```

```
'0b1001'
```

5 桁が 4 桁になった．// を使っているのは，答えを整数にするためだ．bin 関数は整数の引数以外はエラーになる．

ビットシフト演算を使うと次のように書ける．これはビットを右に 1 つシフトする演算だ．18 を 2 で割って 9 になるのがわかる．

```
18 >> 1
```

```
9
```

▶ 2.1.6　2 進数と小数

$\frac{1}{3}$ を 10 進数の小数で表現することを考えよう．$0.333333\cdots$ となり，誤差なく表現するには無限の桁数が必要になってしまう．しかしこれを 3 進数で表現すると 0.1 になる．1×3^{-1} とできるので確

かに正しい．次に 10 進数で $\frac{1}{10} = 0.1$ を 2 進数で表現することを考えよう．2 進数の小数を各桁に 0 または 1 が並んだものとして，それぞれの位に 1 が入ると 10 進数でいくつに相当するかを図 2.4 に示す．

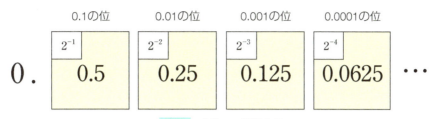

図 2.4 小数の 2 進数表現

例えば 2 進数で 0.1 ならば 10 進数で 0.5 となり，0.01 ならば 10 進数で 0.25 となる．図 2.4 では 2^{-5} より小さな位を示していないが，2 進数では有限の桁数でぴったり 10 進数の $\frac{1}{10}$ を表現することができない．整数では 10 進数の表現と 2 進数の表現が一対一に対応したので，小数ではずいぶん状況が異なることがわかる．

このため，次のようなことが起こる．

```
0.1 + 0.1 + 0.1 == 0.3
```

```
False
```

数学的には正しい式だが，結果が False になる．コンピュータの中で，0.1 や 0.3 に少し誤差があることは次のコードで確認できる．

```python
from decimal import Decimal

print(Decimal.from_float(0.1))
print(Decimal.from_float(0.3))
```

```
0.1000000000000000055511151231257827021181583404541015625
0.299999999999999988897769753748434595763683319091796875
```

普段の計算ではそれほど神経質になる必要はないが，コンピュータの中では小数に誤差が含まれることは覚えておく必要がある．

小数は**浮動小数点**（floating point）**記法**[*4] という方法で表現されるため，Python では float 型と呼ばれる．整数と違って，Python の float 型には最大値と最小値がある．

[*4] IEEE Standard for Floating-Point Arithmetic（IEEE754）という国際標準規格がある．

```
import sys
print(sys.float_info.max)
print(sys.float_info.min)
```

```
1.7976931348623157e+308
2.2250738585072014e-308
```

これは絶対値なので，実際にはこれに符号をつけた範囲の数を利用することができる．

　整数と小数はまったく違った表現方法で，コンピュータの中に格納されていることは意識しておこう．演算の結果に影響が出ることがあるため，整数を扱っているのか，小数を扱っているのかを気にすることは重要だ．とくに，/を使った割り算で，整数が意図せず小数になることがあるので注意する必要がある．

2.2 配列でみるデータ構造

　コンピュータでプログラムを作るとき，1つの整数や小数だけを扱うことは少ない．むしろ，これらをひとまとまりにして処理することが多い．データをまとめて処理するためには，何らかの構造や仕組みが必要になる．まずは，メモリ上にどのようにデータが配置され処理されるのかを見ていくことにしよう．

2.2.1　メモリの構造

　メインメモリはコンピュータで実行されるプログラムや，プログラムが扱うデータを一時的にすべて保持している．メモリの構造を単純化したモデルを図 2.5 に示す．

　メモリは，メモリセルと呼ばれる小さな領域が連続して並んだ構造をしている．メモリセルには，番地（アドレス）が割り当てられている．CPU は計算に必要なデータを，この番地を指定することで取り出せるようになっている．例えば，01 番地に格納されている整数と 02 番地に格納されている整数を足して，結果を 03 番地に格納するといった計算をしているわけだ．もちろん実際にはメモリはもっと複雑な構造をしている．重要な点は，メモリが決まった大きさのメモリセルにわかれていること，番地を指定することでその領域にすぐにアクセスできるということだ．

図 2.5　メモリ構造の模式図

2.2.2 データ構造

Pythonで5つの整数を保持するリストを定義するには，数字をカンマで区切って角括弧で囲めばよかった．リストの要素には添え字を使ってアクセスできる．添え字は0から始まることに注意しよう．

```
my_array = [10, 20, 30, 40, 50]
my_array[2]
```

```
30
```

このようにデータをひとまとまりに扱うことを考えると，そこには何らかの構造が必要になる．5つの整数が何の構造もなくバラバラになっていたら，添え字を使って個別の要素にアクセスすることもできないだろう．Pythonのリストは基本的なデータ構造の1つの例だ．いくつかのデータが先頭から順番に並んでおり，要素の追加や削除などもできる．

データ構造はコンピュータの仕組みと密接に関係している．コンピュータのメモリ上で，データ構造がどのように実現されているのかを見ていくことにしよう．

2.2.3 データの並びを保持する構造

10, 20, 30, 40, 50という5つの整数をまとめて扱うことを考える．1つの要素は1つのメモリセルに保存できるものとしよう．順番を保持してメモリに記録する最も単純な方法は，連続するメモリ領域を必要な分だけ確保することだろう（図2.6）．

データの格納場所が，83番地から始まるという情報は別に保持しておくことにする．このようなデータ構造を**配列**（array）と呼ぶ．

この状態で，次のコードが実行されたときの動作を考えてみよう．

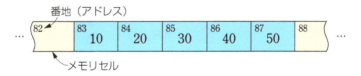

図 2.6 連続したメモリ領域に格納された配列

コード 2.1　配列へのアクセス

```
1  my_array[2]
```

これは，`my_array` の 3 つ目の要素をとってくることになる．配列は，83 番地から格納されているので，83+2=85 で 85 番地にアクセスすればよいことがすぐにわかる．メモリは番地さえわかれば，その場所のデータにアクセスできる．長さ 5 の配列の 3 つ目の要素にアクセスするのも，長さ 10 万の配列の 9 万 5000 番目の要素にアクセスするのも同じ時間しかかからない．これは配列がメモリ空間の連続した領域に，整然と並んでいるために実現されることだ．

要素へのアクセスは 1 回の計算でできることがわかった．では，この配列の途中に要素を挿入したいと思ったときはどうだろう．Python では `insert` メソッドが実行された場合に相当する．

コード 2.2　配列への要素の挿入

```
1  my_array.insert(2, 100)
```

`my_array[2]` の場所（先頭から 3 番目）に新たに 100 が挿入され，配列のサイズは 1 つ増える．このコードが実行されると，メモリ上の配列は図 2.7 に示すようになる．

もともと 30 があった 85 番地に 100 が入り，85 番地以降のデータが 86 番地以降に移動する．元の配列の後ろが空いていれば，この演算はメモリセル 3 つ分を，1 つ後ろにずらすだけで済む．しかし，配列の後ろに別のデータがある場合，そうはいかない．6 個分のメモリセルを連続して確保できる領域を新たに見つけて，そこへ全員で引っ越しする必要がある．

このように配列というデータ構造は，要素へのアクセスは高速にできるが，要素の挿入に手間がかかることがわかる．要素の挿入を高速にできるデータ構造を考えることはできるだろうか．

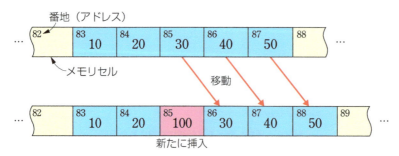

図 2.7　配列への要素の挿入

▶ 2.2.4　連結リスト

要素の挿入を高速にするデータ構造として，**連結リスト**（linked list）と呼ばれるものがある．ここでは連結リストの中でも簡単な**一方向連結リスト**（singly linked list）を考える．これは，各メモリ

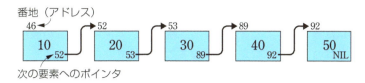

図 2.8　連結リストの構造

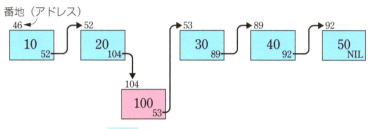

図 2.9　連結リストへの要素の挿入

セルにデータと次の要素の場所を保持するデータ構造だ（図 2.8）.

この連結リストが 46 番地から始まるということは別に格納されているとしよう．また，話を簡単にするために 1 つのメモリセルに整数の値と次のメモリセルの番地を一緒に保存できるものとする．この連結リストへのアクセスで「3 番目の要素（添え字 2）」が与えられたとする．データはメモリ上の連続した領域にはないので，46+2=48 番地を参照するわけにはいかない．代わりに，連結リストのデータ構造を先頭からたどっていくことになる．46 番地の次は 52 番地で，その次は 53 番地という具合だ．これで目的の要素へアクセスできる．ここで使われている次の要素への番地は通常，**ポインタ**（pointer）と呼ばれる．連結リストの最後の要素は，次に続くデータがないので，ポインタはない．これを示すために，何もないことを表す NIL という記号が使われることもある.

連結リストに新しい要素を挿入することを考えてみよう．30 が格納されている場所に 100 を挿入することを考える．できあがった連結リストは，図 2.9 のようになる．

まず，追加される 100 を格納するために新しいメモリセルを用意する．この番地が，104 番地だったとしよう．ここに 100 を格納し，次へのポインタを 53 番地にする．52 番地に格納されていた次へのポインタ（53 番地）は，104 に書き換える．こうすることで要素の挿入が完了する．配列への挿入と違って，連結リストの一部の要素を変更するだけで作業が終わる.

ここまで配列と連結リストというデータ構造について説明した．これらは，順番に並んだいくつかのデータをまとめて扱うためのデータ構造だ．次節では計算量という概念を導入し，これらデータ構造の違いがアルゴリズムの実行時間にどう影響するのかを見ていくことにしよう.

➤ 2.3　計算量の考え方

アルゴリズムとは，何らかの目的を達成するための一連の計算手順だといえる．計算の実行には時

間がかかる．これを表現するための方法を考えたい．まず，通常の時間の単位で何分何秒かかるという表現が，この目的には適さないことを説明する．続いて，アルゴリズムの実行時間を考えるためには，入力のサイズと計算のステップ数が重要になることを見ていく．

2.3.1 時間の単位

「目的地まで最寄りの駅から徒歩5分です．」といわれると，誰しもおおまかな所要時間のイメージがつかめる．これは，1分がどれくらいの長さであるか，皆が感覚を共有しているからだ．しかし，計算機を使ったアルゴリズムの実行においては，まったく同じプログラムでも性能が違うマシンでは実行速度が大きく変わることがある．つまり「このアルゴリズムの実行には5分かかります．」という情報は誤解を招く可能性がある．そこで，実際の実行時間ではなく，アルゴリズムの実行にかかる時間を説明するための単位が必要になる．

実際のマシン性能に左右されない単位として，計算のステップ数を考えよう．ここでは，特定の番地のメモリセルへのアクセスを1ステップとする．例えば，連結リストの5番目の要素にアクセスするには，先頭の要素から順番にメモリセルをたどる必要があった．先頭の要素から計算を始めれば，4ステップで計算を完了できることになる．メモリアクセスにかかる時間はマシンによって異なるが，4ステップという統一的な指標で説明できる．一方，配列の任意の要素へアクセスするには，1ステップしかかからない．5番目の要素の場所を知るには，先頭の番地にメモリセルの数 $5-1$ を足すだけでよいからだ．

ここで1つ注意が必要になる．計算のステップ数というときに，1ステップが意味することはいつも同じとは限らないという点だ．前の説明では，1ステップをあるメモリセルにアクセスする計算とした．今後これが，数の足し算や掛け算などになることもある．また，配列へのアクセスで，目的のメモリセルを知るために，足し算をした．これが計算のステップとして考慮されていないことに違和感を感じた読者もいるかもしれない．これについては，以降で詳しく説明する．

2.3.2 入力サイズと作業量

n 個の整数が，メモリ上に配列として格納されているなら，何番目の要素へアクセスするにも1ステップで計算が完了する．連結リストとして格納されている場合はどうだろうか．指定された場所によってステップ数が変わる．5番目の要素なら4ステップだが，100番目なら99ステップ必要だ．最悪の場合は最後の要素まで行かねばならぬときで，$n-1$ ステップかかることがわかる．このように，アルゴリズムの実行時間に関して，何ステップの計算が必要かを考えるのが，**計算複雑性**（computational complexity）の理論[*5]だ．計算複雑性は単に計算量ということもある．計算量は入力データのサイズに応じてステップ数がどのように変化するかを表現する．この表現方法には，次に説明する**漸近記法**（asymptotic notation）が使われる．

[*5] より正確にいうと計算複雑性は，**時間複雑性**（time complexity）とメモリの使用量を意味する**空間複雑性**（space complexity）とを合わせた概念だ．また，計算複雑度という言葉が使われることもある．

2.3.3 計算量の漸近記法

　ここでは扱うデータのサイズに依存した計算量の変化に注目しよう．サイズが大きくなると，処理時間がどのような増加率を見せるかを考える．これを表現するために漸近記法と呼ばれる方法がよく使われる．漸近記法は，次の2つのルールに従って計算量を表記する方法だ．

- 複数の項で計算時間が表記される場合は，入力サイズに対して増加率（微分係数）が最大の項だけを残す．
- 残った項の定数係数は無視する．

　連結リストにおける要素へのアクセスを例に，この表記方法を使ってみよう．入力データサイズが n だとすると，最後の要素へアクセスするには $n-1$ ステップの計算が必要だった．これは最悪の場合だ．漸近記法を用いると，次のように書ける．

$$\mathcal{O}(n)$$

増加率が最大になる項（n の1次の項）だけが残っているのがわかる．これは**ビッグオー記法**とも呼ばれる．このような書き方をすると，連結リストにおいて要素へアクセスする計算量は，入力のサイズに対して線形にステップ数が増大することを表現できる．

　連結リストの要素にアクセスする場面では，平均的なステップ数を考えることもできる．これは，$\frac{n}{2}$ ステップといえるだろう．これも漸近記法を用いると定数項が無視されるので，$\mathcal{O}(n)$ となる．

　計算量を見積もるときに，最悪の場合を想定するのか，平均的な場合を想定するのかによって結果が変わることもある．これについては，次章以降で必要となったところで詳しく説明する．

　配列の要素へアクセスする計算のように，入力のデータサイズに依存しない計算もある．これは定数時間と呼ばれ，漸近記法では $\mathcal{O}(1)$ と表記する．目的地となるメモリセルの番地を計算するのに1回足し算が必要だが，これは入力のデータサイズ（配列の長さ）に依存しない．目的地がわかれば，すぐにメモリセルにアクセスできる．これもデータサイズには依存しない．

2.3.4 配列とリスト

　ここまでの説明では，連続したメモリセルを使うデータ構造を配列と呼び，ポインタを利用して必ずしもメモリセルが連続していないデータ構造を連結リストと呼んだ．配列やリストという単語は，プログラミング言語の分野ではもう少し一般的な意味で使われることがある．C言語の配列は，最初に作ったときのサイズを変更できない．長さ10の配列を用意したらずっと長さ10だ．要素の追加や挿入はできない．このような配列は**静的配列**（static array）という．これに対してあとからサイズを変更できる配列を**動的配列**（dynamic array）という．例えばPythonのリスト型は append や insert メソッドをもつので動的配列に分類される．Javaで動的配列を用意するためのクラスは ArrayList だ．配列というと静的配列を指し，リストは動的配列を意味する傾向があるが，これも必ずそうなっているわけではない．

本書では，整数や文字列などが順番をもって並ぶデータ構造が必要となる場面では，配列の利用を想定する．一方，リストという場合は，具体的に Python で用意したリスト型のデータを指す．ちなみに，Python のリスト型は，C 言語の静的配列を使って実装されている．データ構造としては連結リストではなく，配列というわけだ．したがって，Python のリストでは各要素へのアクセスは $\mathcal{O}(1)$ で実現できる．また，要素の挿入は $\mathcal{O}(n)$ の計算量が必要になる．

本書では Python のリストを用意するときに，配列を意味する array という変数名を使うこともある．これには list という単語が Python で組み込み関数の名前になっていて，そのまま変数名として使えないという事情もある[*6]．

データ構造に注目する場合は，配列と連結リストには厳密な使い分けが必要だ．しかし日常のプログラミングでは，細かいことは気にせず，プログラミングの実践的なスキルを磨くほうが重要だろう．20 世紀の終わりごろから，コンピュータの性能が飛躍的に向上したため，Python のリスト型のような動的配列を使ったプログラミングが一般的になった．静的な配列だけしか使えないとプログラミングが難しくなるが，動的な配列があればプログラムが楽に作れる．この恩恵を享受して，アルゴリズムの学習を効率的に進めていくことにしよう．

➤ 第2章　練習問題

2.1 図 2.2 において CPU とメモリの電子回路がなぜ違っているのかを考察せよ．

2.2 2 進数で表現された数 1010 は 10 進数ではいくつになるか．Python コードと手計算を両方示せ．また，10 進数の 25 を 2 進数で表現せよ．Python で計算したあと，手計算で求めるためにはどうしたらよいか考察せよ．

2.3 float 型のオブジェクトは as_integer_ratio というメソッドをもっている．0.25 と 0.1 に対してこのメソッドを実行せよ．これらの値は何を意味するのだろうか．

2.4 n 行 n 列の行列がある．あるアルゴリズム A は，この行列を入力として受け取り，すべての要素に何らかの操作をするという計算を 2 回繰り返す．行列の各要素への操作を計算の 1 ステップとするとき，アルゴリズム A の計算量を漸近記法で答えよ．

2.5 要素数 n の配列に新たな要素を挿入するのにかかる計算量を漸近記法で示し，その理由も答えよ．配列はメモリ空間の連続した領域に，すべての要素が順に並んで格納されたデータ構造だとする．

[*6] Python のコーディング規約を定めた PEP8 には，こうした場合は list_ というように，最後にアンダースコアをつけるか，似たような単語を利用することが推奨されている．

{ 第 **3** 章 }

アルゴリズムの威力

ある目標を定めてそれを達成しようとするとき，いくつかの方法を考えることができる．得られる結果は同じでも，効率が悪いものからよいものまで，さまざまな方法があるだろう．本章では，古典的な例を使ってアルゴリズムについて学んだあと，簡単なプログラムを作ってアルゴリズムの善し悪しが計算時間にどれほど影響するかを実際に体験する．

➤ 3.1 アルゴリズムと実装

何らかの目的を達成するための一連の計算手続きをアルゴリズムと呼ぶ．アルゴリズムは計算の方法を示したものなので，実際にコンピュータで動かすには，プログラムを書く必要がある．これをアルゴリズムの**実装**（implementation）という．本書では実装に Python を利用する．もちろん，他の言語を使って実装しても構わない．そのため，アルゴリズムは特定のプログラミング言語には依存しない方法で記述される．具体例があったほうがわかりやすいので，本節では 2 つの自然数の最大公約数を求める計算を例に，アルゴリズムの表現の仕方やプログラミング言語での実装方法について学んでいくことにしよう．

◗ 3.1.1 最大公約数

2 つの自然数（1 以上の整数）の公約数の中で最大のものを**最大公約数**（greatest common divisor）と呼ぶ．2 つの数が等しければ，結果はその数そのものだし，互いに素[1] ならば 1 だ．いま，18915 と 14938 という 2 つの自然数を例にしよう．Python を使えば簡単に最大公約数を計算できる．

```
import math
math.gcd(18915, 14938)
```

---

[1] 共通の約数が 1 のみということ．

> 97

ちなみに 97 は素数[*2] だ．コンピュータがあれば最大公約数は簡単に計算できる．`math.gcd` のような便利な関数を使わない場合，最大公約数はどのような手続きで求めることができるだろうか．いくつかの方法が考えられるが，まずは最も単純な方法から見ていくことにしよう．

3.1.2 約数を調べ上げる方法

2 つの自然数の最大公約数を求めたい場合，すぐに思いつくのは約数を調べ上げる方法だろう．これを少し形式的に，アルゴリズムを記述する方法で書くと次のようになる．

◀ アルゴリズム 3.1 　最大公約数を求める方法 1 （自然言語）▶

```
1   入力：2つの自然数a,b
2   出力：最大公約数
3   手続き：
4   1. 変数x に b を代入
5   2. a と b を x で割り，両方割り切れたら x を出力して終了
6   3. x から 1 を引き，手続き 2 へ戻る
```

アルゴリズム 3.1 のような書き方は，アルゴリズムを記述する際によく使われる方法だ．アルゴリズムは，最終的にはプログラミング言語で実装されることがほとんどなので，プログラムのコードにしやすい表現で書く習慣がある．ただ，手続きの各ステップは自然言語[*3] で書かれるので，プログラミング言語での表現とは違い曖昧さが残っている．この曖昧さを減らすために，特定のプログラミング言語に依存しないが，かなりプログラムのコードに近い形で書くこともある．これを**擬似コード**（pseudo code）と呼ぶ．

◀ アルゴリズム 3.2 　最大公約数を求める方法 1 （擬似コード）▶

```
1   Input ： two positive integers a,b
2   Output ： greatest common divisor
3   Procedure ：
4   1. x := b
5   2. if mod(a,x) == 0 and mod(b,x) == 0 then return x
```

[*2] 1 とその数自身しか約数がない数のこと．
[*3] プログラミング言語ではなく，人間が日常生活で利用する言語という意味．

```
6      3.  x := x - 1 goto 2
```

アルゴリズムについて解説した本では，アルゴリズム3.2のような書き方が一般的だ．擬似コードの書き方にはいくつかの流儀がある．例えば，変数への代入に:=という記号を使っているが，これには矢印を使う方法などもある．特定のプログラミング言語に依存しない表現方法には価値があるが，本書ではPythonを使ってアルゴリズムを実装する．Pythonのコードが，擬似コードの代わりになると考えるからだ．以後，アルゴリズムは，アルゴリズム3.1のような自然言語で記述するか，次のように実際に動くPythonのコードで表現することにする．

◀ コード3.3　最大公約数を求める方法1（Pythonコード）▶

```python
1      def simple_gcd(a, b):
2          if a < b:
3              a, b = b, a
4          x = b
5          while True:
6              if a % x == 0 and b % x == 0:
7                  return x
8              x -= 1
```

関数の名前は，simple_gcdとした．実際に，18915と14938を引数として実行すると，97という最大公約数を得る．bのほうが大きな数でも，無駄な計算をするだけで結果に影響はないので，aとbの大きさを見て両者を入れ替えるコードはなくても結果は変わらない．

この方法の計算量を見積もってみよう．計算量は，問題の入力サイズに対して計算のステップ数がどのように変化するかを示すものだった．入力サイズは2つの数のうち小さいほうをそのまま採用しよう．便宜的にこれを n とする．次に，計算の1ステップについて考える．コード3.3を見ると，aとbをそれぞれxで割った余りが0かどうかを比較する計算を繰り返していることがわかる．割り算1回を1ステップと捉え，最悪の場合の計算量を見積もってみよう．最悪の場合はaとbが互いに素で最大公約数が1になるときだ．計算のステップは合計で $2n$ 回繰り返されることになる．漸近記法では定数倍は無視されるので，$\mathcal{O}(n)$ がこのアルゴリズムの計算量になる[*4]．

[*4] この見積もりは，割り算1回が $\mathcal{O}(1)$ でできることを前提にしている．入力の数が64ビットで表現できないほどの大きな数の場合，この前提が成り立たなくなり，割り算自体も入力サイズに依存した計算時間を必要とする可能性がある．ただ，いまはそこまで考えなくてもよいので，四則演算のような簡単な計算は定数時間でできると思って差し支えない．

3.1.3　アルゴリズムと実装

　アルゴリズムが正しく実行され，必ず停止するかどうかを確認することは重要だ．もしアルゴリズムを設計する立場になったら，答えが正しいこと，必ず停止することに責任をもつ必要がある．これらをアルゴリズムの設計者に任せ，正しく実装することにだけ注力するという役割分担もある．とくにアルゴリズムを学ぶ初期段階では，こちらのほうがよくある状況だろう．ここで注意しなければならないのは，アルゴリズムには実行のための**前提条件**（precondition）が含まれることが多いことだ．例えば，コード 3.3 で実装した最大公約数を求めるためのアルゴリズムは，2 つの自然数（1 以上の整数）を入力として受け取ることを前提としている．Python の実装では関数の引数にデータの型を明示する必要がないので，負の整数や小数または文字列を引数に与えて実行することもできる．しかし，例えば負の整数を引数にして実行すると，この関数は無限ループに入って停止しない．実際に業務や研究でアルゴリズムを実装する場面では，引数に対する前提条件をコメントに書く，引数の妥当性をチェックするコードを追加するなどの配慮をするとよいだろう．

3.1.4　素因数分解を使った方法

　アルゴリズム 3.1 は単純でわかりやすいが，もう少しよい方法はないだろうか．最大公約数を手計算で求めようとする場合，多くの人は与えられた数を素因数分解して，共通の素因数をすべて掛け合わせるやり方を採用するだろう．素因数分解とは，与えられた自然数を素数の積で表現することで，例えば 12 は，$12 = 2^2 \times 3$ と表現できる．素因数分解を使った方法をアルゴリズムとして記述すると，アルゴリズム 3.4 のようになる．

アルゴリズム 3.4　最大公約数を求める方法 2（素因数分解）

```
1 | 入力：2つの自然数
2 | 出力：最大公約数
3 | 手続き：
4 | 1. 入力されたそれぞれの数を素因数分解する
5 | 2. それぞれの数に共通する素因数を列挙する
6 | 3. 手続き 2で得られた素因数をすべて掛け合わせて出力する
```

　具体的に，手続き 1 を実行してみよう．結果は，次のようになる．

$$18915 = 3 \times 5 \times 13 \times 97$$
$$14938 = 2 \times 7 \times 11 \times 97$$

　アルゴリズム 3.4 の手続き 2 は簡単で，共通する素因数は 97 だけになる．手続き 3 は 97 を結果として出力して，このアルゴリズムは終了する．

アルゴリズムとして記述できることと，コンピュータプログラムとして実装できるということは，似ているようで大きく違う．例えば，アルゴリズム 3.4 の手続き 1 で「入力された数を素因数分解する」とあるが，これはそれほど簡単に実装できる問題ではない[*5]．自然言語で書くと 1 行で表現できるが，プログラムにしようとするといろいろと考える必要がある[*6]．つまり，簡単に実装できて実行速度が速いアルゴリズムが理想的だ．約数を調べ上げず，素因数分解もせずに，最大公約数を求める方法があるのだろうか．

3.1.5 ユークリッドの互除法

紀元前の頃から，**ユークリッドの互除法**（Euclidean algorithm）と呼ばれるアルゴリズムが知られている．次のような計算手続きを踏むと，2 つの自然数の最大公約数を求めることができる．

◀ **アルゴリズム 3.5　最大公約数を求める方法 3（ユークリッドの互除法）** ▶

```
1    入力：2つの自然数a,b
2    出力：最大公約数
3    手続き：
4    1. aをbで割った余りをrとする
5    2. rが0ならば，bを出力して終了
6    3. aにbを，bにrを代入して手続き1へ戻る
```

ユークリッドの互除法は，紀元前 300 年ごろに考案されたと伝えられており，現在知られているアルゴリズムの中でも最古のものとしても有名な方法だ．プログラムのコードとしても簡単に実装できる．

◀ **コード 3.6　ユークリッドの互除法** ▶

```python
1    def euclidean_algorithm(a, b):
2        while True:
3            r = a % b
4            if r == 0:
5                return b
6            a, b = b, r
```

[*5] Python で素因数分解を実行したい場合は，外部パッケージの SymPy をインストールすると `sympy.factorint` が使える．

[*6] 入力された数が比較的小さなうちは約数を調べ上げることで素因数分解の問題を解決できるが，桁数が何百何千となってくると，計算にどんどん時間がかかるようになり，現実的な時間で計算が終わらなくなってしまう．この素因数分解の難しさが，公開鍵暗号の基盤の 1 つをなし，現代のインターネット社会に欠かせないものとなっている．これについては 10 章で解説する．

コード 3.6 を，先に挙げた例（18915 と 14938）を引数に実行すると 97 を得る．なぜこの手続きで，最大公約数が求まるのだろうか．

図 3.1 は，ユークリッドの互除法の計算がどのように進むのかを図示したものだ．

2 つの数 a と b の最大公約数が図では 1 つのブロックとして表現されている．a, b ともにこのブロックの自然数倍で表現できる．また，割り算の余りもこのブロックの自然数倍でできていることになる．計算は，黒矢印と赤矢印の順で交互に進む．最初の割り算の余りが r1 で以後 r2, r3 と続く．割り算を繰り返していくと，余りはどんどん小さくなっていく．r3 でブロック 1 つ分になるので，r2 を r3 で割ると余りが出ない．よって r3 が求める最大公約数ということになる．

次に，ユークリッドの互除法の計算量を見積もってみよう．入力のサイズは数そのものとして便宜的に n とする．計算の 1 ステップは，割り算をして余りを求める計算としよう．再び，図 3.1 を見ると，ユークリッドの互除法の計算は，a の余りが小さくなっていく系列（図中黒矢印）と b の余りが小さくなっていく系列（図中赤矢印）から構成されていることがわかる．どちらか一方を考えれば十分[*7]なので，a の余りが小さくなっていく系列に注目しよう．一般に u を v で割って得られる余り r は，$r < \frac{u}{2}$ を満たすことに注意する．つまり，計算が進むと入力された数は少なくとも半分より小さくなって，次の計算ステップに渡されることになる．2 章で学んだ 2 進数の計算を思い出してみよう．2 進数においては数が半分になる，つまり 2 で割るという行為は，桁が 1 つ減ることを意味していた．数 n が 2 進数で何桁あるかは，$\log_2 n$ で表現できる．つまり，最悪でも $\log_2 n$ 回計算すれば最大公約数が求まることになる．したがってユークリッドの互除法の計算量は，$\mathcal{O}(\log n)$ ということになる[*8]．

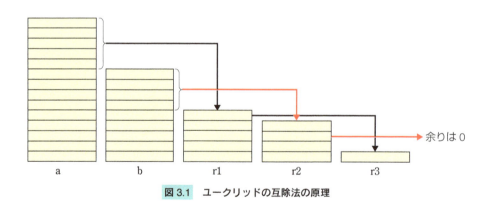

図 3.1 ユークリッドの互除法の原理

▶ 3.1.6 再帰を使った実装

ユークリッドの互除法は関数の再帰的な呼び出しを使っても実装できる．関数の中で自分自身を呼

[*7] これから見積もる計算量が高々 2 倍になるだけで，これは入力サイズに依存しない．
[*8] log の底を変更すると定数倍の違いが出るが，これは入力サイズに依存しない数なので無視して構わない．以降はとくに断らない限り log と書いて底を 2 とする．

び出す操作が**再帰**（recursion）だ．似た処理を繰り返す場合，ループを再帰で置き換えるとコードが
すっきりして見やすくなることがある．コード 3.7 に，再帰を使ったユークリッドの互除法の実装例
を示す．

◀ コード3.7　ユークリッドの互除法（再帰）▶

```python
def euclidean_recursion(a, b):
    r = a % b
    if r == 0:
        return b
    return euclidean_recursion(b, r)
```

このアルゴリズムは，余りが 0 になるまで関数の 1 つ目の引数を 2 つ目の引数で割るという作業を
繰り返す．この繰り返し処理を while 文ではなく，自分自身を呼び出すことで表現しているのでプログ
ラムが簡潔になっているのがわかるだろう．再帰を使った関数は，値を返す return 文が実行され
なければならない．この部分にバグ[*9] が含まれていると，再帰呼び出しが永遠に終わらず無限ルー
プに陥る．これは，while 文を使って無限ループを作ってしまうバグと本質的には同じだが，再帰を
使った表現ではこのことがわかりにくくなってしまうことがあり注意が必要だ[*10]．慣れないうちは
再帰を使わない実装でまずプログラミングの技術を磨くことをすすめる．

再帰を使った実装は，同じアルゴリズムの別の表現方法なので，計算量はアルゴリズム 3.5 と同じ
で，$\mathcal{O}(\log n)$ となる．

▶ 3.1.7　アルゴリズムの比較

アルゴリズム 3.1 で紹介した約数を調べ上げる方法と，ユークリッドの互除法（アルゴリズム 3.5）
を，計算量の側面から比較してみよう．

図 3.2 は，横軸に入力のサイズ n を，縦軸に見積もられた計算時間をプロットしたものである．

約数を調べ上げる方法（青）は，入力のサイズに対して線形に計算時間が増大する．これは，計算
の各ステップを実行したあと，残りの計算回数が 1 つしか減らないためだ．一方，ユークリッドの互
除法（橙）は，1 回の計算ステップが終了すると，次のステップに送られる数は最悪の場合でも処理
前の数の約半分になる．このことが，入力サイズが大きくなっても，計算量の増大が抑えられる要因
になっている．処理すべきデータサイズが計算の各ステップで半分になると，計算時間が $\log n$ にな
ることは重要なので頭に入れておくとよいだろう．

[*9] プログラムの間違い．
[*10] Python ではある一定回数以上の再帰呼び出しはエラーになる．ただこれは実装上の制約であるため，この機能に頼ったプ
　　 ログラミングはするべきではない．

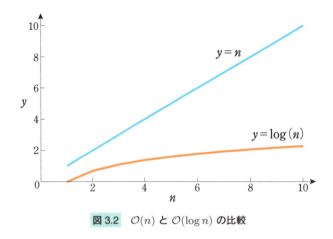

図 3.2 $\mathcal{O}(n)$ と $\mathcal{O}(\log n)$ の比較

図 3.2 は，入力の数を 1〜10 まででプロットしている．これは 1 桁の数なので少し小さい．10 から 1×10^7（1000 万）までの範囲で同じ図を作ると図 3.3 のようになる．

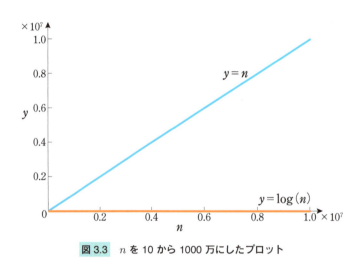

図 3.3 n を 10 から 1000 万にしたプロット

　計算量が線形で増加する場合と，対数になる場合では増加のスピードがまったく違うことがわかる．

　実際の計算時間を計測してみよう．10 から 1×10^7 までの整数からランダムに 2 つを選び，約数を調べ上げる方法（青）とユークリッドの互除法（橙）で最大公約数を求める計算を 200 回した結果が図 3.4 になる．

　横軸は入力となる数字のうち小さいほう，縦軸は計算にかかった時間を秒で示している．計算は 1 組のデータに対して 3 回実行している．約数を調べ上げる方法は，入力の数が大きくなると，見積もり通りに計算時間が増えていることがわかる．一方，ユークリッドの互除法はほとんど計算時間に変

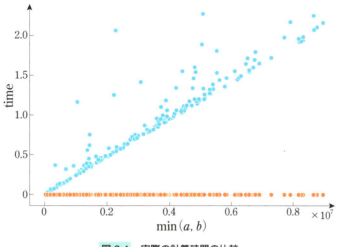

図 3.4 　実際の計算時間の比較

化がない．0 になっているようにも見えるが，もちろん多少の時間はかかっている．このように同じ問題に対する解法でも，アルゴリズムの違いによって計算時間を大幅に短縮できるのである．

3.2　配列のソート

まとまった数の数値や文字列を順番に並べ替える作業は**ソート**（sort）と呼ばれ，至るところで必要とされる処理だ．20 世紀の中頃にコンピュータ科学という研究分野が生まれて以来，さまざまなソートのアルゴリズムが開発されてきた．本書でもいくつかのアルゴリズムを紹介するが，まずは最も簡単なソートのアルゴリズムを実装するところから始めてみよう．ソートは一般的な処理なので，Python などの現代的なプログラミング言語にはすぐに使える関数が用意されている．自前で実装したアルゴリズムと速度の比較をして，その圧倒的な差を体験してみることにする．

3.2.1　要素の並べ替え

整数を要素とする長さ n の配列を考える．この配列の要素を小さい数から順番に並び替えるには，どうしたらよいだろうか．まずは，具体的に配列を作って Python に用意された機能を使って並べ替えてみることにしよう．

0～99 までの要素を 20 個もつ配列を用意しよう．以下のようなコードを実行すればよい．

```python
import random
random.seed(3)
my_array = [random.randint(0, 99) for i in range(20)]
my_array
```

```
[30, 75, 69, 16, 47, 77, 60, 80, 74, 8, 77, 1, 60, 33, 70, 29, 24, 91, 60, 69]
```

random モジュールは Python の標準モジュールで，乱数に関係した関数などが含まれている．コンピュータの乱数は擬似乱数列と呼ばれ，一見ランダムに見える数の列を生成するアルゴリズムによって作り出される．この数列は乱数のシード（seed，種）を固定することで，環境が同じなら同じ数の並びを生成することができる[*11]．

20 個の要素は規則性がなく並んでいるように見える．組み込み関数 sorted を使うと引数にとったリストをソートした新しいリストを返してくれる．

```
sorted(my_array)
```

```
[1, 8, 16, 24, 29, 30, 33, 47, 60, 60, 60, 69, 69, 70, 74, 75, 77, 77, 80, 91]
```

この場合は，引数にとった my_array に変化はない．

リスト型は sort メソッドをもっているので，これを呼び出すことでもソートできる．

```
my_array.sort()
my_array
```

```
[1, 8, 16, 24, 29, 30, 33, 47, 60, 60, 60, 69, 69, 70, 74, 75, 77, 77, 80, 91]
```

sort メソッドには戻り値はない．自分自身を書き換えてソートされたリストになる．これが関数 sorted と違うところだ．いずれにしろ普段はこのようにすれば簡単に要素の順番を並べ替えられる．日常のプログラミングではソートのアルゴリズムを意識する必要はほとんどない．

本章の残りと次章では，配列のソートがどのような計算で実現されているのかを学んでいくことにする．

▶ 3.2.2 選択ソート

順番がバラバラになっている配列の要素をどうしたら並べ替えられるだろうか．まずは単純な方法を試してみよう．配列の要素から最も小さい数を探し出して，その要素を配列の前のほうへもってくる作業を繰り返す処理はどうだろう．これは**選択ソート**（selection sort）と呼ばれている．アルゴリズムはアルゴリズム 3.8 のように記述できる．

[*11] シードを固定しなくも構わないが，以後は章番号でシードを固定する．

第 3 章 アルゴリズムの威力

◀ アルゴリズム 3.8　選択ソート ▶

```
1   入力：長さn の配列
2   出力：ソートされた配列
3   手続き：
4   1. i に 0 を代入
5   2. i が配列の最後の添え字なら終了
6   3. i 番目以降の要素の中から i 番目よりも小さい最小の値を見つけ，その添え字を j とする
7   4. 手続き 3 で値が見つかったら i 番目の要素と j 番目の要素を交換する
8   5. i を 1 増やし手続き 2 へ戻る
```

選択ソートは配列を何回も走査して，小さい数値が前に来るように順々に並び替えるという実直な方法になっている．

▶ 3.2.3　選択ソートを実装する

選択ソートを実装してみよう．コード 3.9 のような関数になるだろう．引数にとった配列を書き換えるのではなく，新しい配列を返す仕様にした．

◀ コード 3.9　選択ソートの実装 ▶

```python
 1   def selection_sort(array):
 2       x = array.copy()
 3       n = len(x)
 4       for i in range(n):
 5           min_idx = i
 6           for j in range(i, n):
 7               if x[j] < x[min_idx]:
 8                   min_idx = j
 9           x[i], x[min_idx] = x[min_idx], x[i]
10       return x
```

3.2.1 節の my_array は sort メソッドでソートされてしまっているので，random.shuffle を使ってごちゃ混ぜにしてみよう．そのあと，実装した関数を使って配列を再びソートしてみる．関数の戻り値がそのまま出力されるので，数値が小さい順に並んでいることを確認しておこう．

```
random.shuffle(my_array)
my_array
```

```
[77, 69, 80, 75, 70, 47, 1, 8, 91, 29, 24, 74, 77, 30, 60, 33, 69, 60, 60, 16]
```

```
selection_sort(my_array)
```

```
[1, 8, 16, 24, 29, 30, 33, 47, 60, 60, 60, 69, 69, 70, 74, 75, 77, 77, 80, 91]
```

3.2.4 選択ソートの計算量

選択ソートの計算量を見積もろう．入力のサイズは配列の長さ n とする．コード 3.9 の計算の各ステップを順を追ってみていこう．最初のループでは，配列のすべての要素を走査するので，配列のサイズと同じ n 回の計算が必要となる．各ステップは先頭の要素と，各要素の大小を比較する計算になる．ここで見つかった最小値は先頭へ運ばれる．次のステップは残りの $n-1$ 個の要素から最小値を探し出すので，同じく $n-1$ ステップの計算が必要になる．これを最後の要素まで繰り返すので，ソートが完了するまでに以下の和で表現されるステップ数が必要となる．

$$n + (n-1) + (n-2) + \cdots + 2 + 1 = \frac{n(n+1)}{2}$$

計算量は入力のサイズに対して増加率が最大の項だけを残し，定数倍は無視するので，選択ソートの計算量は $\mathcal{O}(n^2)$ となることがわかる．

3.2.5 速度の比較

乱数を発生させて作る配列の長さを 10,000 と少し大きくして，自前で実装した選択ソートと Python に用意されている組み込み関数 sorted の実行速度を比較してみよう．標準モジュールの timeit を使って，コードの実行時間を計測できる．

```
import timeit
my_array = [random.randint(0, 99) for i in range(10000)]
timeit.timeit('selection_sort(my_array)', globals=globals(), number=1)
```

```
4.2431511878967285
```

10,000 個の要素がある配列のソートに 4 秒ちょっとかかっている．timeit モジュールは，短いコード断片の実行時間を簡単に計測してくれる．コードは文字列として timeit 関数に渡す．グローバル

な名前空間を参照できるように globals 変数に組み込み関数 globals の戻り値を与えている．また，number でコードの実行回数を指定できる．

同じことを組み込み関数 sorted でやってみよう．

```
my_array = [random.randint(0, 99) for i in range(10000)]
timeit.timeit('sorted(my_array)', globals=globals(), number=1)
```

```
0.0023238658905029297
```

　環境によって違いがあるかもしれないが，同じ計算が 1000 分の 2 秒で終わった．同じ長さの配列のソートに関して，実に 1000 倍以上の速度差があることがわかる．次の 4 章で選択ソートを改良するが，実はこの速度差を埋めるには至らない．これは，この歴然とした速度差が，純粋にアルゴリズムの善し悪しだけに依存するものではないためだ．Python に用意されているソート関連の関数やメソッドは，速度向上のためのさまざまな工夫が詰め込まれている．このため，普段のプログラミングでは必ず組み込み関数 sorted か，sort メソッドを使うようにしよう．より効率的なソートのアルゴリズムを学ぶことはソートの時間を短縮するためではなく，アルゴリズムの基本的な考え方を身につけるために大いに役に立つ．

参考3.1 timeit モジュールは，コードの実行時間を計測するのに特化した関数を含んでいる．計測には誤差があるため，同じコードを何度も実行して平均を計算し，より正確な測定値を得ることもできる．もう少しシンプルな方法として，time モジュールを使う方法もある．time.time() は 1970/1/1 0:00:00 からの経過時間（単位は秒）を float 型で返す．コードの実行前後でこの数値を記録しておき，差分をとることで実行時間を計測することもできる．
　1970/1/1 からの経過時間は，UNIX 時刻やエポックタイムと呼ばれ広く使われている時間表現の 1 つだ．この開始日時は，UNIX と総称される現在の OS の原型が誕生したころにキリがよい日付が採用されたという説が有力だ．ところで，32 ビットの処理系では表現できる整数の最大値が $2^{31} - 1 = 2147483647$ になる．1970/1/1 からこの秒数が経過する 2038 年 1 月 19 日 3 時 14 分 7 秒以降，整数を 32 ビットで扱っているコンピュータシステムで不具合が起きる可能性がある．これは 2038 年問題と呼ばれている．

参考3.2 Python を含むほとんどのプログラミング言語は，テキストデータでプログラムを記述する．コンピュータは機械語と呼ばれる 0 と 1 だけからなるデータしか理解できない．テキストで書かれたプログラムは，通常コンパイルという作業を経て，コンピュータが理解できる機械語に変換される．このようにあらかじめコンピュータが理解できる機械語を用意しておくと，一般的には実行速度が速い．C 言語ではプログラムの実行前に全体をコンパイルする必要があるが，Python ではこの作業が必要ない．Python はプログラムが実行されると，1 行ごとに解釈

しコンピュータが理解できる形式に変換している．このため，C 言語で書かれたプログラムと比べるとかなり実行速度が遅い．最近はコンピュータの性能が向上しているため，このような仕組みでプログラムを実行しても，実用に耐える速度が出るようになってきたという面もある．一般的に使われている Python は全体が C 言語で実装されている．このような Python では，C 言語で書かれたコンパイル済みのライブラリ（プログラムの部品）が内部で使われ，実行速度を向上する仕組みが備わっている．これが，自前の選択ソートの実装と，組み込み関数 sorted の歴然とした速度差の 1 つの要因になっている．自作のライブラリを C 言語で作り，Python から呼び出すこともできるが，用意されているものは素直に使うようにしよう．これが現代のプログラミングスタイルだといえる．

➤ 第 3 章　練習問題

3.1 指定された桁数の自然数をランダムに生成して返す関数を作成せよ．桁数を指定して比較的大きな数を 2 つ作り，約数を調べ上げる方法（コード 3.3）とユークリッドの互除法（コード 3.6 または 3.7）の速度がかなり違うことを体感せよ．

3.2 $n!$ で表現される計算は階乗と呼ばれる．n が自然数のときは，その数自身から 1 までを順番にすべて掛け合わせた数になる．Python の math モジュールから，階乗の計算を実行する関数を探して実行せよ．また，同じ機能を実現する関数を実装し，結果が正しいことを確認せよ．余裕がある場合は，再帰を使った実装も試みよ．

3.3 ランダムに生成した 2 桁の整数を 20 個含むリストを作り，降順（大きい数から小さな数へ）に並ぶようにソートせよ．ソートのアルゴリズムは実装しなくてもよい．

3.4 time モジュールの time 関数は 1970/1/1 からの経過時間を秒で返す．datetime モジュールを使ってこれを確かめよ．datetime.date 型は today というメソッドをもち，これを使って今日の日付を得ることができる．また，datetime.date に整数で年，月，日を順に与えると，指定した日付のインスタンスを作ることができる．さらに，これら datetime.date 型は引き算で差分を計算することができる．

{ 第 **4** 章 }

ソートを改良する

ソートは現代の標準的なプログラミング言語では基本的な機能として組み込まれているため，自分で実装する機会はほとんどない．一方，ソートアルゴリズムの研究は 1940 年代から続くもので，今日までにさまざまな方法が開発されてきた．ソートはアルゴリズムの基本的な考え方を知るためのとてもよい教材だといえる．

➤ 4.1 問題を分割する

実社会においても，複雑に入り組んだ大きな問題を解決するのは難しい．このような場合，問題を切り分けてサイズを小さくすると，解決の糸口が見えてくることも多いだろう．アルゴリズムでも同じことがいえる．配列のソートを例に，問題を分割することの有用性を見ていくことにしよう．

● 4.1.1 小さなソート

小さなソートの問題を考えよう．例えば 2 つの数の整列は誰にでもすぐできる．図 4.1 では，71 と 42 を並べ替えている．42 のほうが前にきて 71 が後にくる．ここに少しだけ余計な手間を追加しよう．並べ替える前の数それぞれを，要素が 1 つしかない配列だと考える．これらはそれぞれソートされているとしよう．もちろん，要素が 1 つしかない配列なので，そのままでソートされていると考えることができる．次に，単純なソートではなく，2 つのソートされた配列を 1 つのソートされた配列にまとめるという作業を考える．

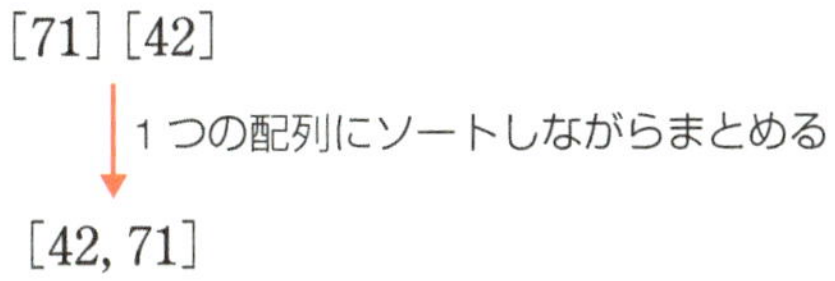

[71] [42]

↓ 1 つの配列にソートしながらまとめる

[42, 71]

図 4.1 要素が 1 つの配列をソートしながらまとめる

要素が 1 つの場合は，数の並べ替えと同じなので簡単だ．次に，それぞれの配列に要素が 2 つある場合を考える．つまり，次のような問題を考えることになる．

> **問題 4.1**
>
> 2 つのソートされた配列をまとめて，1 つのソートされた配列を作る手順を考えよ．

この作業を便宜的に**マージ**（merge）と呼ぶことにしよう．merge には「統合する」といった意味がある．

4.1.2 ソートされた配列のマージ

具体的な例を見ながらマージの動きを見ていこう．2 つのソートされた配列 [42, 71], [39, 70] をマージする手順を図 4.2 に示す．

配列の上に書いてある青や赤のマークは，その時点で配列のどこを見ているのかを示すものだ．ここでは，**ポインタ**（pointer）と呼ぶことにする．Step1 から見ていこう．ポインタは当初，それぞれの配列の先頭を指している．まずこれらの要素を比較し，小さいほう（39）を新たな配列の先頭に置く．39 は出力用の配列に移ったので，赤ポインタを 1 つ進める．Step2 と 3 はこの作業の繰り返しだ．Step4 で赤ポインタが配列の右端から外れ，参照する要素がなくなる．この場合は無条件で，もう 1 つの青ポインタが指す数字が返される．一連の手続きが済むと，2 つの配列がマージされて 1 つのソートされた配列になっている．ここではわかりやすいように，入力の配列の要素数を 2 にしているが，この手順は入力の配列がそれぞれソートされていれば，長さに関係なくうまくいく．

この方法の重要な点は，ポインタがある場所の数値を比較するだけでよいというところだ．これはもちろん，入力となる 2 つの配列があらかじめソートされているという条件があってこそ成立する．

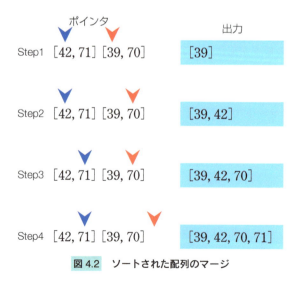

図 4.2 ソートされた配列のマージ

4.1.3 マージの計算量

このマージの作業にはどれくらいの計算量が必要だろうか．数の比較を何回するかで考えてみよう．マージの各ステップではそれぞれのポインタが指す要素が比較され，小さいほうを指していたポインタが必ず次の要素へ移動する．2つの入力配列の長さがaとbだとすると，比較は最悪の場合$a+b-1$回となる[*1]．できあがる配列の長さを$n=a+b$とすると，必要な計算量は$\mathcal{O}(n)$だ．これが，2つのすでにソートされた配列をもとにして，1つのソートされた配列を作るのにかかる計算量だ．

4.1.4 小さな結果をまとめる

マージを実装してみる．入力される配列が1つでも動作するように，2つ目の引数のデフォルト値を空の配列にしておこう．2つのソートされた配列をまとめ上げるコード4.1のようなプログラムを作ることができる[*2]．

◀ コード 4.1　2つのソートされた配列を統合 ▶

```python
def merge_arrays(left, right=[]):
    res = []
    i, j = 0, 0
    n, m = len(left), len(right)
    # どちらかの配列を調べ尽くしたらそこで終了
    while i < n and j < m:
        if left[i] < right[j]:
            res.append(left[i])
            i += 1
        else:
            res.append(right[j])
            j += 1
    # 残りはそのまま後ろに連結する
    return res + left[i:] + right[j:]
```

この関数を使って，与えられた配列をソートすることを考える．マージの入力はそれぞれソートされている必要がある．これは突き詰めると，要素が1つの配列は常にソートされていると考えることもできる．つまり，与えられた配列を細かく分割していき，1つの数にすれば，これを2つセットにしてマージへの入力とすることができる．

[*1] 最後の1回はどちらかのポインタが配列の外になるので，比較は必要ない．また極端な例を考えると，長さaの配列の先頭要素が，長さbの配列のすべての要素より大きい場合，比較の回数はb回で済むことになる．

[*2] 標準ライブラリに `heapq.merge` があり，ここで実装することと同じことができる．

配列を分割する単純な方法は，要素を先頭から 2 つずつとってきて，それを入力とすることだろう．元の配列の長さが奇数の場合に余りが出るが，merge_arrays は引数が 1 つでも動作するので心配ない．配列の要素を 2 つずつとってきてマージする関数 step はコード 4.2 のように実装できる．

◀ **コード 4.2　配列を分割してマージへ渡す関数** ▶

```python
def step(array):
    res = []
    for i in range(0, len(array), 2):
        # 長さ 2もしくは 1の配列がスライスの結果として返る
        res.append(merge_arrays(*array[i:i+2]))
    return res
```

この関数の動きを確認してみよう．長さ 15 の配列を生成し，すべての要素を長さ 1 の配列に変更したあと，関数 step を適用してみる．

```python
import random
random.seed(4)
my_array = [random.randint(0, 100) for i in range(15)]
my_array = [[v] for v in my_array]
step1 = step(my_array)
step1
```

```
[[30, 38], [13, 92], [50, 61], [11, 19], [2, 8], [51, 70], [37, 97], [7]]
```

先頭から 2 つずつ，ソートされてまとめられているのがわかる．もう一度 step を適用してみよう．

```python
step2 = step(step1)
step2
```

```
[[13, 30, 38, 92], [11, 19, 50, 61], [2, 8, 51, 70], [7, 37, 97]]
```

さらに 2 つずつ配列がマージされているのがわかる．あと 2 回繰り返すと，全体が 1 つの配列にまとまる．

```
step3 = step(step2)
step4 = step(step3)
step4
```

```
[[2, 7, 8, 11, 13, 19, 30, 37, 38, 50, 51, 61, 70, 92, 97]]
```

配列がソートされているのがわかるだろう．長さ 15 の配列を 4 回のマージでソートできたことになる．

手動でやった操作を関数にして，**マージソート**（merge sort）を完成させよう．コード 4.3 のようなコードができる．

コード 4.3　マージソート

```python
def merge_sort(array):
    # すべての数をリストに変換する
    res = [[v] for v in array]
    while len(res[0]) != len(array):
        res = step(res)
    # リストの中にリストが入ってしまうのでこれを取り出す
    return res[0]
```

新たにデータを作って関数を適用してみよう．

```python
my_array = [random.randint(0, 100) for i in range(15)]
my_array
```

```
[11, 70, 38, 0, 37, 73, 90, 39, 97, 65, 24, 52, 54, 76, 36]
```

このまま関数の引数として実行できる．

```python
merge_sort(my_array)
```

```
[0, 11, 24, 36, 37, 38, 39, 52, 54, 65, 70, 73, 76, 90, 97]
```

4.1.5 マージソートの計算量

マージソートの計算量を見積もってみよう．図 4.3 は，4 つの数が 1 つのソートされた配列へマージされる様子を示したものだ．

図は上から下へ計算ステップが進んでいくように描かれている．最初はバラバラだった数が，マージによって 2 つが 1 つにまとまり，やがて全体が 1 つに集約される．今度はこの図を下から上へと眺め，**木**（tree）を想像してみよう．高さ = 0 と書いてあるところが木の**根**（root）になる．木は上に**枝**（branch）を伸ばし**葉**（leaf）をつける．どうだろう，木に見えてきただろうか．根から葉までの経路が一本道になっているところがポイントであり，木は重要なデータ構造の 1 つだ．厳密な定義は 6 章で説明する．

木の高さに注目しよう．この木の高さは 2 だ．下から木を見ていくと，1 回の枝わかれで 2 つに分岐しているので，高さ 2 の木は 4 枚の葉をもつことになる．このように 1 回の枝わかれが高々 2 になる木を**二分木**（binary tree，**二進木**）と呼ぶ．二分木の高さが k だとすると葉の数は最大で 2^k 枚ということになる．

ソートする入力配列のサイズを n としよう．1 ステップの計算は 2 つの配列をマージする計算だとする．木の高さ k を調整し，$n \leq 2^k$ となる木を用意する．この木の高さは $k = \log_2 n$ になる．木の高さを 1 つ減らすために必要なマージの回数は，葉の枚数の半分となり，これは高々 n 回だといえる．これらをまとめると，マージソートの計算量は，$\mathcal{O}(n \log n)$ ということになる[*3]．

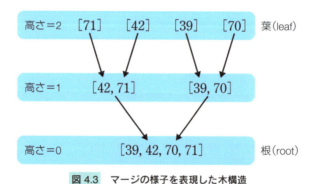

図 4.3 マージの様子を表現した木構造

4.1.6 ソートの計算量

マージソートの計算量として $\mathcal{O}(n \log n)$ を得た．実は，入力のサイズ n に対してこれより速いソートのアルゴリズムはない．このことを二分木を使って説明しよう．この議論は少し難しいので，慣れていない読者は結果だけを受け入れて 4.1.6 節を読み飛ばしても構わない．

[*3] ここでは計算の 1 ステップを配列のマージとしたが，数の比較としても同様のことがいえる．

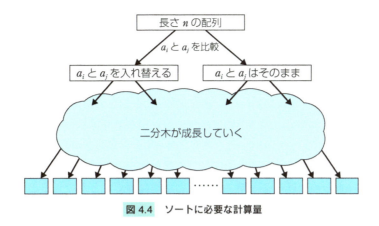

図4.4 ソートに必要な計算量

　長さ n の配列があったとしよう．各要素を a_i などと表現することにする．ソートの基本的な演算は要素同士の比較と入れ替えだ．$i < j$ なる添え字に対して，$a_i > a_j$ になっていたら，2つの要素を入れ替え，小さな要素がより先頭に近くなるようにする．一方，長さ n の配列の要素がすべて違うとすると，この n 個の要素を使って表現できる配列の種類は $n!$ 通りある．これは，n 種類の要素を1列に並べる順列の数だ．1回の比較演算で配列には2つの可能性が生まれる．比較した要素を入れ替えるか，そのままにするかという二択だ．これを繰り返していく様子は二分木として表現できる．ソートのアルゴリズムとしては，最終的にすべての可能性（$n!$ 通り）に到達できなければならない．このときの木の高さが，ソートアルゴリズムにどうしても必要な計算量となる．これを図示したものが図4.4だ．

　マージソートのときに見た木とは上下が逆になっているのがわかるだろう．根が上にきて，葉が下にきている．これは書き方の問題に過ぎない．実際の木を想像すると上に根があるのは少し不自然だが，アルゴリズムとデータ構造の分野ではこちらのほうが一般的だ．

　図4.4の木の高さを k とする．葉の枚数は 2^k となる．アルゴリズムはすべての可能性を実現できる必要があるので，$2^k \geq n!$ でなければならない．**スターリングの近似**（Stirling's approximation）として次の式 (4.1) が知られている．

$$n! \sim \sqrt{2\pi n}\left(\frac{n}{e}\right)^n \tag{4.1}$$

これを使って $2^k \geq n!$ を変形してみよう．まず，両辺の対数をとる．

$$\begin{aligned} k &\geq \log_2 n! \\ &\sim \log_2 \sqrt{2\pi n}\left(\frac{n}{e}\right)^n \\ &= n\log_2 \sqrt{2\pi n} + n\log_2 n - n\log_2 e \end{aligned} \tag{4.2}$$

　計算量の漸近記法に従えば，最終的な式 (4.2) から次数が最大のものだけに注目すればいい．第2項の $n\log_2 n$ を取り出し底の変換で出る定数係数を無視すれば，$\mathcal{O}(n\log n)$ を得る．

4.1.7 分割統治法

マージソートの本質は，問題を小さく分割し，簡単な問題を解くことを積み重ねて全体の解を得ているところだ．このような方法は一般に，**分割統治法**（divide-and-conquer method）と呼ばれている．次に説明する**クイックソート**（quick sort）も分割統治法に分類される方法だ．マージソートは1945年ごろに考案されたといわれている．この頃は現在につながるアルゴリズム研究の黎明期だった．その後，さまざまなアルゴリズムが生み出されるようになって，それらを分類する研究も盛んになった．代表的なアルゴリズムの分類である分割統治法という言葉は知っておく必要があるが，重要なことは問題を分割して上手にまとめ上げることで，問題を効率的に解くことができるという事実だ．

4.1.8 再帰を使ったマージソートの実装

本章の前半では，マージソートとその実装を紹介した．問題を細かく分割してまとめ上げる方法がわかりやすいように，step などの関数を作った．一般的にマージソートは再帰を使った方法で実装される．入力された配列を左右半分に分割し，それぞれに再びマージソートを適用する．分割の結果，配列の長さ 1 になったらそのまま戻り値にすることを忘れないようにしよう．前述のコード 4.3 は受け取る配列が空のときエラーになっていたので，これも修正しておこう．コード 4.4 に実装例を示す．

◀ コード 4.4　マージソート（再帰）▶

```python
def merge_sort(array):
    if len(array) <= 1:
        return array
    mid_idx = len(array) // 2
    left = array[:mid_idx]
    right = array[mid_idx:]
    return merge_arrays(merge_sort(left), merge_sort(right))
```

➤ 4.2　クイックソート

マージソートの計算量 $\mathcal{O}(n \log n)$ は，理論的にはこれ以上の改善が望めないことを説明した．これから説明するクイックソートの理論的な計算量も同じく $\mathcal{O}(n \log n)$ となる．Python でソートをする場合は，組み込み関数 sorted などを利用すればよい．本章の目的は，ソートの速度を改善することではなく，さまざまなアルゴリズムを学んで，計算に関する知識を増やすことだ．マージソートとクイックソートは似ているが，入力するデータの性質によって計算時間が大きく変わることがある．こ

のような現象がなぜ起こるのか，またそれがどのような示唆を与えるのか．本節は 8 章と 9 章への導入になる話題も含まれているので，しっかり理解しておいてほしい．

4.2.1 クイックソートのアルゴリズム

クイックソートは，マージソートと同様に配列を小さく分割し，全体をまとめ上げることでソートを実行する方法だ．つまり分割統治法の仲間といえる．マージソートとの違いは，配列を分割するときちょっとした工夫をするところにある．図 4.5 にこのアルゴリズムの概略を示す．

クイックソートではまず，**pivot**（ピボット）と呼ばれる基準を適当に選ぶ．適当といわれても困るので，ひとまず入力配列の最後の数としよう．配列全体を走査して，pivot より小さかったら左，逆に大きかったら右へと要素を移動する．pivot と等しい要素は別の配列に集めることにしよう．左右にできた新たな配列はまだソートされていないので，それぞれを再びクイックソートの入力とする．pivot を集めた配列はすべてが同じ要素なので，そのまま真ん中に残す．

あとは左右にできた配列に対して，再びクイックソートを適用する．これを繰り返していけば，与えられた配列は最終的に，要素が 1 つ以上で同じ数からなる配列に分割される．クイックソートでは分割された配列の統合が，マージソートと違って簡単だ．分割するときに pivot を基準に左右に値を振り分けているために，統合するときはそのままつなげればよい．

左右の配列に対して再びクイックソートを適用しているところから推測できるかもしれないが，クイックソートは再帰呼び出しを使うと簡潔に実装できる．

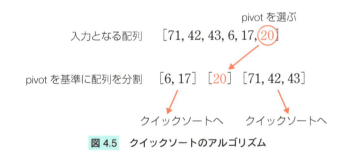

図 4.5 クイックソートのアルゴリズム

4.2.2 クイックソートを実装する

クイックソートを実装してみよう．実装のときに気をつけることは，再帰呼び出しが必ず止まるようにすることだ．そのためには，関数が値を返すところに気を使う必要がある．アルゴリズムの説明では明示的に出てこなかったが，空の配列が入力として渡された場合は，それをそのまま返すコードを関数の先頭に付け加える．関数の最後では，左側と右側の配列にそれぞれクイックソートを適用して返すが，それらの間に，pivot と等しい値が並んだ配列をそのまま返すコードを付け加えるのを忘れないようにしよう．まとめると，コード 4.5 のようなプログラムになる．

◆ コード 4.5 クイックソート ▶

```python
def quick_sort(array):
    # 空の配列はそのまま返す
    if array == []:
        return array
    # 最後の要素をpivot にする
    p = array[-1]
    left = []
    right = []
    pivots = []
    # pivot との関係で要素を分割する
    for v in array:
        if v < p:
            left.append(v)
        elif v == p:
            pivots.append(v)
        else:
            right.append(v)
    # 左と右は再び関数を適用して返す
    return quick_sort(left) + pivots + quick_sort(right)
```

適当な配列を用意して，プログラムを実行してみよう．バグがないか，とくに再帰呼び出しがきちんと機能するかを確認しておこう．エラーで再帰呼び出しが無限ループに陥った場合，Python にはそれを止める機能もあるが，結果が返ってこない場合は Ctrl+C によって実行を中止する[4]．

```python
my_array = [random.randint(0, 100) for i in range(15)]
my_array
```

```
[55, 57, 20, 29, 39, 33, 5, 10, 5, 59, 80, 35, 66, 68, 82]
```

きちんと実装できていれば，ソートされた配列が返る．

```python
quick_sort(my_array)
```

```
[5, 5, 10, 20, 29, 33, 35, 39, 55, 57, 59, 66, 68, 80, 82]
```

---

[4] Jupyter Notebook では，ツールバーの■を押す．

4.2.3 クイックソートの計算量

クイックソートの計算量は，マージソートと同じ $\mathcal{O}(n \log n)$ になる．図 4.6 は，クイックソートにおいてどのように配列が分割されるかを示したものだ．

図 4.6 は木構造になっている．根から 2 本の**枝**（branch）[*5] が伸びている．これをたどっていくと葉まで到達するが，途中は**ノード**（node）と呼ばれる．根を上にすると，ノードには上下関係を考えることができる．上にあるノードを**親ノード**（parent node），下にあるノードを**子ノード**（child node）という．

クイックソートにおける分割は，あるノードから見て，左側の子ノードと右側の子ノードへの分割になるので，二分木で表現することができる．pivot の選び方によってこの木の形が変わるが，ひとまず pivot をうまく選べたとして，分割のたびに配列が半分程度の長さになったとしよう．そうなるとマージソートのときと同じ考え方で，$\mathcal{O}(n \log n)$ という計算量を得ることができる．

この計算量は，pivot をうまく選べたときという条件がついている．pivot をうまく選べないとどうなるのだろうか．実際にソートにかかる時間を計測しながら，マージソートとの比較でこの点を考えていこう．

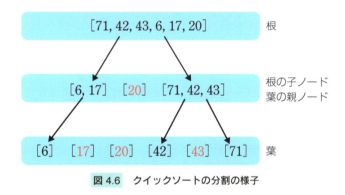

図 4.6 クイックソートの分割の様子

4.2.4 マージソートとの比較

通常アルゴリズムの計算量は，入力データサイズに対して計算時間がどのように変化するかを考える．この点では，マージソートとクイックソートは同じ計算量だといえる．しかし，同じサイズのデータでもデータの性質が違うと，アルゴリズムによって計算時間が大きく変わることがある．

まずはサンプルデータを用意する．長さ 2,000 の配列を 100 個作り，配列の各要素は 0〜5,000 の中からランダムに選ぶ．この用意するサイズは利用している計算機の能力に合わせて適当に調整して構

[*5] 木はグラフというデータ構造の特殊な場合と考えることができる．グラフ構造では木の枝に相当する部分を**エッジ**（edge）という．グラフ構造については 6 章で詳しく説明する．

わない.

```
sample_data = []
for i in range(100):
    sample_data.append([random.randint(0, 5000) for i in range(2000)])
```

ソートを実行する関数とデータを引数にとって，実行時間を計測する関数を作ってみよう．ソートの作業を引数にとった回数だけ繰り返すようにする．コード 4.6 のようなプログラムになる.

◀ コード 4.6　ソートにかかる時間を計測する関数 ▶

```
1  import time
2
3  def performance_check(method, data, num=3):
4      s = time.time()
5      for i in range(num):
6          for v in data: method(v)
7      e = time.time()
8      return e - s
```

関数を引数 method に，サンプルデータを data に与えれば，次のようなコードで時間を計測することができる．実行してみよう.

```
performance_check(merge_sort, sample_data)
```

```
2.0325491428375244
```

```
performance_check(quick_sort, sample_data)
```

```
1.2834510803222656
```

出力の単位は秒になっている．細かい数字には意味はないが，クイックソートがマージソートより若干速いように見える.

● 4.2.5　クイックソートの弱点

実はクイックソートには大きな弱点がある．入力となる配列がすでにソートされているとパフォー

マンスが悪くなるのだ．実際に試してみよう．次のようなコードで，サンプルデータをあらかじめソートする．

```python
sorted_data = []
for i in range(100):
    sorted_data.append(sorted([random.randint(0, 5000) for i in range(2000)]))
```

このデータを引数に再び計算時間の計測を実行してみよう．

```python
performance_check(merge_sort, sorted_data)
```

```
1.6679749488830566
```

```python
performance_check(quick_sort, sorted_data)
```

```
55.67849087715149
```

入力配列の長さは変わっていないため，マージソートはほとんど同じ時間で終わる．これに対して，クイックソートはパフォーマンスが大幅に劣化しているのがわかる．

注 環境によっては次のようなエラーが出ることがある．

```
RecursionError: maximum recursion depth exceeded in comparison
```

これは Python の再帰呼び出し数に上限が設定されているためだ．この制限回数は次のようにして確認できる．

```python
import sys
sys.getrecursionlimit()
```

もしエラーが出るようであれば，次のコードで用意した配列より少し多めの数を設定すれば，関数を最後まで実行できるようになる．

```python
sys.setrecursionlimit(2500)
```

4.2.6 pivot の選び方

ソートされた配列に対して，クイックソートのパフォーマンスが大きく劣化する理由を考えてみよう．クイックソートやマージソートのように，問題を分割して解くアルゴリズムでは，問題をうまく分割できるかどうかがパフォーマンスに大きく影響する．マージソートでは，入力配列を格納されている要素に関係なく分割した．これは，入力がソートされているかどうかに関係なく，いつも同じ分割になることを意味する．

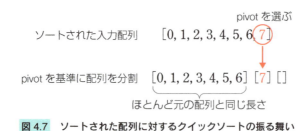

図 4.7 ソートされた配列に対するクイックソートの振る舞い

　一方，クイックソートは入力配列の最後の要素を pivot として選択し，pivot との比較で配列を分割する．入力配列がソートされていると，このとき選ばれる pivot は配列の中の最大値になる．結果として，pivot 以外の要素はすべて左側の配列にまとめられる．これではほとんど分割されずに，次のステップへ引き渡すことになる（図 4.7）．分割され左側に残った配列の長さは，元の配列と 1 つしか違わない．関数が n 回呼び出されることになり，その都度残った配列の各要素と pivot の比較が必要になる．この回数は $(n-1) + (n-2) + \cdots + 1 = \frac{(n-1)(n-2)}{2}$ となり，計算量は $\mathcal{O}(n^2)$ になる．

4.2.7 クイックソートの改良

　入力配列がソートされていると実行速度が著しく低下するクイックソートの欠点を，pivot の選び方を変えることで克服することを考えよう．入力配列がソートされているかどうかはわからないので，pivot をランダムに選ぶという戦略を考える．コードはほとんど変わらず，コード 4.7 のようになる．

コード 4.7　pivot をランダムに選ぶクイックソート

```
1   import random
2
3   def quick_sort(array):
4       if not array:
5           return array
6       pivot = random.choice(array)  # 変更点はここだけ
7       left = []
8       right = []
9       pivots = []
10      for v in array:
11          if v < pivot:
12              left.append(v)
13          elif v == pivot:
14              pivots.append(v)
15          else:
16              right.append(v)
```

```
17 │     return quick_sort(left) + pivots + quick_sort(right)
```

ソートされた配列に対するパフォーマンスを調べてみよう．

```
performance_check(quick_sort, sorted_data)
```

```
1.6945829391479492
```

再びマージソートと同じくらいの結果になった．

▶ 4.2.8　クイックソートが与える示唆

　クイックソートは，pivot の選び方をランダムにするだけで，ソートされた配列に対してパフォーマンスが低下することを防ぐことができた．pivot の選び方がランダムということは，まったく同じデータに対しても，実行のたびに内部の計算過程は違ったものになる可能性があるということだ．これは，これまで見てきたユークリッドの互除法やマージソートのようなアルゴリズムとは大きく違う．このように，アルゴリズムの実行にランダムな要素を含むものを，**乱択アルゴリズム**（randomized algorithm）と呼ぶ．乱択アルゴリズムについては，9章で詳しく扱う．

　クイックソートでは pivot の選び方を変えると，同じ入力配列に対して計算時間がかなり変わることがわかった．このことをもう少し考えてみよう．アルゴリズムの内部で起きる分岐において，いつも決まった選択肢ではなく，その都度別の選択肢を選べるような計算方法を考えると，計算が早く終わる可能性があるということになる．通常の計算は，数ある分岐の中から1つを選んで計算を進める．しかしこれでは，よい選択肢を選ぶこともあれば，あまりよくない道を選んでしまうこともあるだろう．もし，さまざまな可能性をすべて試せるとしたら，計算量の考え方はどのように広がるのだろうか．これらの疑問に対する答えと，問題の難しさに対するさらに深い知見に関しては8章で扱う．

➤ 第4章　練習問題

4.1　高さ k の二分木は最大でいくつの葉をもつことができるか．

4.2　標準ライブラリ heapq にある merge を使ってマージソートを実装せよ．

4.3　受け取った配列が昇順にソートされているかどうかを判断するコードを作成せよ．

4.4　引数として指定した自然数の長さ分だけ小文字のアルファベットをランダムに並べた文字列を返す関数を作成せよ．例えば引数が4なら fykr などを返す．この関数の名前を rand_str とする．rand_str が返す文字列を要素としたリストを作ることを考える．各要素の長さはその都度1〜10までの整数からランダムに決める．例えば，長さが3のリストなら，['xbej','nly', 'ak'] などとなる．長さ20のリストを作り，組み込み関数でソートするとどうなるか．また，このリ

ストを各要素の文字列の長さでソートするコードを作成せよ.

{ 第 **5** 章 }

データの探索

大量のデータから目的の値を見つける作業にコンピュータは欠かせない．まず配列の中から目的の値を探す方法を説明しよう．次に木構造がデータの探索に利用できることを紹介する．最後にハッシュテーブルというデータ構造を使って，定数時間でデータを探索できることを示す．

➤ 5.1 配列とデータの探索

机の上や本棚は綺麗に片付いていると物を探しやすい．逆にゴチャゴチャになっていると，目的の物を見つけるのは大変だ．配列におけるデータの探索でも，これと同じことがいえる．配列がソートされていると，目的の値を探すのに都合がよい．まずは，Python プログラミングにおける探索の一般的な例から始めていこう．

● 5.1.1 リストの中からデータを探す

Python ではリストの中に目的のデータがあるかどうかを確認するには，in というキーワードを使う．適当なリストを用意して試してみよう．

```python
import random
random.seed(5)
my_array = [random.randint(0, 100) for i in range(15)]
my_array
```

```
[79, 32, 94, 45, 88, 94, 83, 67, 3, 59, 99, 31, 83, 6, 20]
```

```python
32 in my_array
```

```
True
```

```
50 in my_array
```

```
False
```

このほかにリスト型は `index` というメソッドをもっている．`index` は引数にとった値がリストの中にあればその場所を返してくれる．

```
my_array.index(32)
```

```
1
```

もし 32 がリストの中に複数ある場合は，最も小さな添え字が結果として返る．また，引数にとった値がリストの中にない場合は，`ValueError` となる．

```
my_array.index(50)
```

```
---------------------------------------------------------------------------
ValueError                                Traceback (most recent call last)
<ipython-input-23-f7b24eeedf98> in <module>
----> 1 my_array.index(50)

ValueError: 50 is not in list
```

実際に利用するときは，例外処理のコードとあわせて使う．普段コードを書くときは，このような方法を使ってデータを探索すればよい．以降は，こうした探索がどのような仕組みで機能しているのかを学んでいくことにしよう．

▶ 5.1.2 単純な探索

配列の中から，特定の値を探すにはどうしたらよいかを考えてみよう．すぐに思いつく単純な方法として，配列の先頭から順に探していくという方法がある．これは，**線形探索**（linear search）と呼ばれるもので，実装も難しくない．値が見つかったときは True，そうでなければ False を返す関数を作ってみよう．コード 5.1 のようなプログラムになる．

コード 5.1　線形探索

```python
def linear_search(array, target):
    for v in array:
        if target == v:
            return True
    return False
```

実行してみよう．in を使った結果と同じになれば問題ない．関数になっているので，検索対象になるリストと目的の値を引数に与えて実行する．

```python
linear_search(my_array, 32)
```

```
True
```

```python
linear_search(my_array, 50)
```

```
False
```

このアルゴリズムの計算量を見積もってみよう．入力配列の長さを n とする．計算の 1 ステップは値の比較だ．配列の中身はデータがどのように並んでいるかわからないので，目的の値がどこで見つかるかは予測できない．平均的には $\frac{n}{2}$ 回の比較で済むだろう．また，最悪の場合は比較を n 回行うことになる．どちらにしても，計算量は $\mathcal{O}(n)$ ということになる．配列が長くなると，それに比例して時間がかかるということだ．

配列におけるデータの探索に関して，線形探索の計算量を改善する方法を考えてみよう．

5.1.3　二分探索

配列がソートされていれば，もっと速く目的の値を見つける方法がある．それが**二分探索**（binary search）と呼ばれる方法だ．まずは原理を説明しよう．前出の my_array の中から，32 を二分探索で探す様子を図 5.1 に示す．

まず，配列がソートされている必要があることに注意しよう．探索は配列の真ん中から始まる．現在注目している場所は，ポインタ（青）で示している．配列の長さを 2 で割って小数点以下を切り捨てて整数にし，それを添え字として使えば配列のほぼ中央へ行ける．この場所の値（図では 67）と目的の値 32 を比較する．目的の値のほうが小さいので，32 があるとすればソートされている配列の左

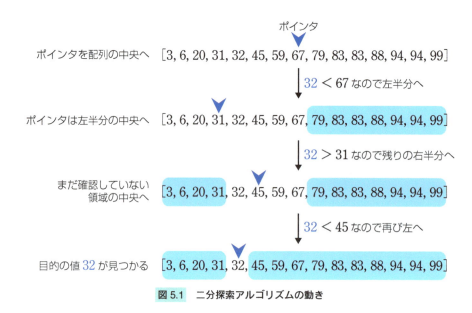

図 5.1　二分探索アルゴリズムの動き

半分にあるということになる．もし，目的の値のほうが大きければ，配列の右半分にあるということになる．あとはこれを繰り返す．最終的に，可能性がある場所が 1 箇所に絞られる[*1]．これが目的の値なら見つかったので True を返し，そうでなければ False を返してアルゴリズムが終了する．

　二分探索の計算量を見積もってみよう．入力配列の長さを n とする．各ステップでの計算は，配列の要素へのアクセスと値の比較だ．ユークリッドの互除法やマージソートと同じように，二分探索でも 1 ステップごとに探索の選択肢が半分ずつになっているのがわかる．このため，二分探索に必要となる計算量は $\mathcal{O}(\log n)$ ということになる．これは，線形探索の計算量 $\mathcal{O}(n)$ よりもよい．

5.1.4　二分探索の実装

　ソートされた配列から効率よく値を探し出せる二分探索だが，目的の値が配列にあるかどうかにかかわらず，配列の中のある 1 箇所でアルゴリズムは停止する．この場所の値が目的の値と等しければ True を返して終了する．そうではない場合，つまり目的の値と等しくない場合，たどり着いた場所は何かの役に立たないだろうか．

　少し考えると二分探索で最後に到達する場所は，ソートされた配列の順番を崩すことなく，探していた値を挿入できる場所だとわかる．このように，二分探索は目的の値を探すだけではなく，見つからなかったときに挿入位置も得ることができる．実は，Python の標準モジュールに二分探索の実装がある．また，幸いなことにかなり読みやすいコードで書かれている．今回はこのコードを読み解きながら，二分探索についてさらに知見を深めることにしよう．

　標準モジュールの bisect を使うと，二分探索がすぐに実行できる．検索対象のリストを事前にソー

[*1] 元の配列に同じ値が複数あると 1 箇所には定まらない．これについてはすぐあとの 5.1.4 節で扱う．

トする必要があることに注意しよう.

```
import bisect
my_array.sort()
bisect.bisect(my_array, 40)
```

```
5
```

bisect.bisect はソートされたリストと目的の値を引数にとり，その値を挿入すべき位置を返してくれる．40 は添え字が5の場所に挿入しても，リストがソートされている状態が保たれることがわかる．リストの中に値がある 32 で試してみよう.

```
bisect.bisect(my_array, 32)
```

```
5
```

同じく5となる．実は，bisect には2種類の関数がある．目的となる値がすでにリストにある場合，これら2つの関数が返す値が異なる.

```
bisect.bisect_right(my_array, 32)
```

```
5
```

```
bisect.bisect_left(my_array, 32)
```

```
4
```

リストは昇順でソートされているとする．bisect_right が返す値は，目的の値がリストにある場合，その右側を挿入点として返す．これに対して，bisect_left では左側の挿入点を返す．bisect.bisect は bisect_right のエイリアス（alias，別名）だ．目的の値がリストに複数あるときを考えると，さらにこの動きがわかりやすくなる.

```
test_array = [1, 2, 2, 2, 3, 4]
bisect.bisect_left(test_array, 2)
```

```
1
```

```
bisect.bisect_right(test_array, 2)
```

```
4
```

コード 5.2 は，Python の標準モジュールに含まれる実装を引用したものだ[*2]．

◢ コード 5.2　bisect.bisect_right の実装 ◣

```
 1   def bisect_right(a, x, lo=0, hi=None):
 2       """Return the index where to insert item x in list a, assuming a is sorted.
 3       The return value i is such that all e in a[:i] have e <= x, and all e in
 4       a[i:] have e > x. So if x already appears in the list, a.insert(x) will
 5       insert just after the rightmost x already there.
 6       Optional args lo (default 0) and hi (default len(a)) bound the
 7       slice of a to be searched.
 8       """
 9
10       if lo < 0:
11           raise ValueError('lo must be non-negative')
12       if hi is None:
13           hi = len(a)
14       while lo < hi:
15           mid = (lo+hi)//2
16           if x < a[mid]: hi = mid
17           else: lo = mid+1
18       return lo
```

　簡潔にアルゴリズムが実装されているのがわかる．引数 lo と hi はデフォルト値が与えられているので，省略することができる．それぞれ，探索を開始する左端と右端になる．コードを見るとわかるように，左端は含み，右端は含まない．

　bisect.bisect_right(my_array, 32) というコードが実行されたときの動きを図 5.2 を使ってもう一度確認してみよう．図 5.1 と基本的には同じ流れだが，探索の領域を決める lo と hi がどのように変化するかを図に加えた．これらの変数を順々に更新することで，探索する範囲が狭まっているのがわかるだろう．

[*2] https://github.com/python/cpython の Lib ディレクトリの中に bisect.py がある．

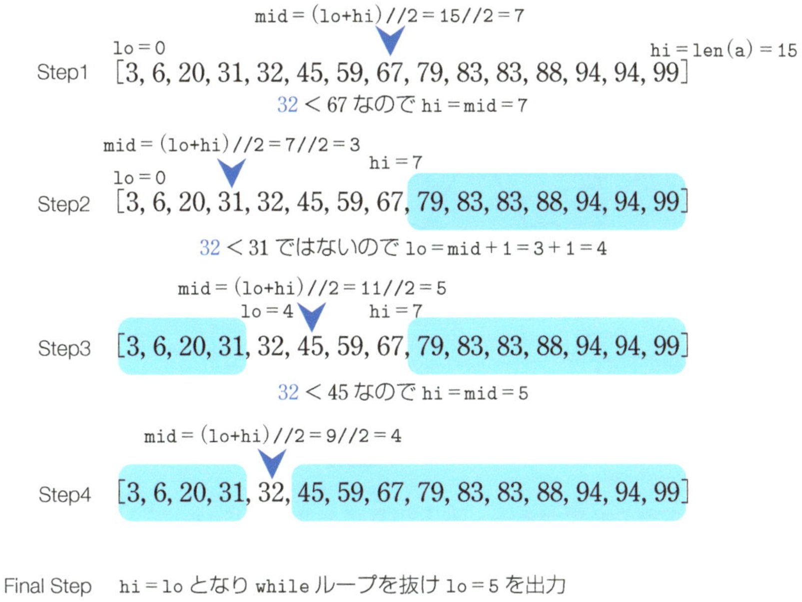

$$\text{mid} = (\text{lo+hi})//2 = 15//2 = 7$$

Step1 $\text{lo}=0$ $\text{hi}=\text{len(a)}=15$
$$[3, 6, 20, 31, 32, 45, 59, 67, 79, 83, 83, 88, 94, 94, 99]$$
$32 < 67$ なので $\text{hi}=\text{mid}=7$

$$\text{mid} = (\text{lo+hi})//2 = 7//2 = 3$$

Step2 $\text{lo}=0$ $\text{hi}=7$
$$[3, 6, 20, 31, 32, 45, 59, 67, 79, 83, 83, 88, 94, 94, 99]$$
$32 < 31$ ではないので $\text{lo}=\text{mid}+1=3+1=4$

$$\text{mid} = (\text{lo+hi})//2 = 11//2 = 5$$

Step3 $\text{lo}=4$ $\text{hi}=7$
$$[3, 6, 20, 31, 32, 45, 59, 67, 79, 83, 83, 88, 94, 94, 99]$$
$32 < 45$ なので $\text{hi}=\text{mid}=5$

$$\text{mid} = (\text{lo+hi})//2 = 9//2 = 4$$

Step4 $$[3, 6, 20, 31, 32, 45, 59, 67, 79, 83, 83, 88, 94, 94, 99]$$

Final Step $\text{hi}=\text{lo}$ となり while ループを抜け $\text{lo}=5$ を出力

図 5.2 `bisect.bisect_right` の動き

5.1.5 二分探索と要素の挿入

　二分探索を使うと，ソートされた配列から効率的にデータの探索ができることがわかった．しかし検索対象となる配列がずっと同じという状況は考えにくい．実際には，配列に新たなデータを追加したり削除したりするだろう．そのたびに配列の中身が変わることになる．二分探索を使えば，挿入点の探索は $\mathcal{O}(\log n)$ でできる．しかし，Python のリストに対しては，挿入に $\mathcal{O}(n)$ の計算量がかかってしまう．配列全体をソートし直すには，さらに悪い $\mathcal{O}(n\log n)$ となる．こうなると，新たなデータの挿入も，$\mathcal{O}(\log n)$ の計算量でできるデータ構造がほしいところだ．

　これは，二分探索の考え方を少し進めて，木構造を使うと実現できる．

5.2 探索のためのデータ構造

　ソートされた配列に対するデータの探索は，二分探索を使えば効率よく実現できた．しかし，元のデータが配列のままだと，データの挿入や全体の並び替えに時間がかかる．データを一直線に並んだ配列ではなく木構造で保持していると，探索と挿入に柔軟に対応できる．

5.2.1 木構造

4 章ではアルゴリズムの動作を説明するために木を利用した．**木**（tree）は重要なデータ構造の 1 つ

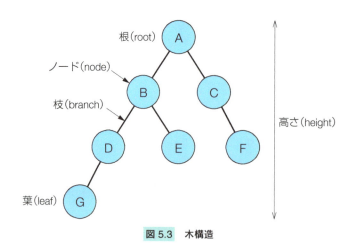

図 5.3　木構造

なので，しっかり理解しておく必要がある．木というデータ構造について，概念や用語をまとめておこう．

図5.3に簡単な木構造の例を示す．木は**ノード**（node）と**枝**（branch）からなる．通常最も上にあるノードは**根**（root）と呼ばれ，そこから順に枝わかれする．図ではノードAが根だ．根を上にした場合，下を子ノード，上を親ノードという．ノードCはノードAの子ノードになる．根には親ノードはない．一方，子ノードがないノードは**葉**（leaf）という．図では，E,F,Gが葉になる．根から葉までの経路は1つしかない．これが木というデータ構造の特徴だ．根からあるノードまでの距離（枝の数）を**深さ**（depth）という．Dの深さは2で，Gの深さは3だ．根から最も遠い位置（深い位置）にある葉までの距離を木の**高さ**（height）という．図5.3では，ノードAからノードGまでで，この木の高さは3だ．

あるノードにはいくつの子ノードがあっても構わないが，これが高々2つまでの場合をとくに**二分木**（二進木，binary tree）と呼ぶ．二分木のうち，根から葉までの距離（高さ）がどれも同じになっているものを**完全二分木**（complete binary tree）という．図5.3は完全二分木にはなっていない．ノードGがノードCの子ノードになると完全二分木になる[*3]．完全二分木は最もバランスがよく，木の高さをhとすると，すべてのノードの数は$2^{h+1}-1$個となる．要素がちょうどこの数でない場合は，木の最も下の段に左から順に葉を並べた二分木を作ることができる．このような二分木も完全二分木と呼ばれることがある．

5.2.2　二分探索木

二分探索は，探索の対象を1ステップごとに半分にするものだった．ここでは，この発想をそのままデータ構造として表現することを考えよう．

各ノードに値を保持した二分木を作る．図5.4に二分木の例を示す．ノードに書いてある数字は，保

[*3] 完全二分木の例は図5.5や図5.6にもある．

持している値だ．

　根には 67 が格納されている．その子ノードとして，左側に 31，右側に 88 がある．左側の 31 は，さらにその子ノードの 6 から見ると親ノードということになる．

　図 5.4 に示した二分木を注意深く見ると，ノードの親子関係と値の大小に関係があることに気付く．例えば根の 67 の左側は 31 で 67 より小さく，右側は 88 で 67 よりも大きい．次に 88 のノードに注目すると，左は 83 で親ノードより小さく，右は 94 で親ノードより大きくなっている．このような関係をすべてのノードに対して満たしている二分木を，**二分探索木**（binary search tree）という．

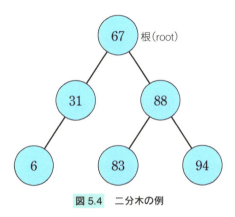

図 5.4　二分木の例

5.2.3　データの探索と挿入

　二分探索木へのデータの挿入を考えよう．二分探索で見たようにデータの探索の結果として挿入の位置がわかる．いまは図 5.5 のように，32 という値を挿入する場合を具体的に見ていくことにする．

　アルゴリズムは根から始まる．67 との比較で 32 は左側へ行くべきだとわかる．次に，31 より大き

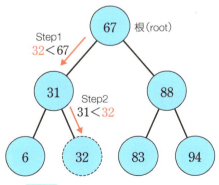

図 5.5　二分探索木へのデータの挿入

いので右側へ行くことになるが，そこには子ノードがない．したがって，ここが 32 を追加するべき場所となる．

▶ 5.2.4 二分探索木の実装

　二分探索木などの木構造は，配列と比べると少し複雑なデータ構造だ．しかし，マージソートの計算量を見積もるときに木構造を考えたことからもわかるように，アルゴリズムの分野では非常に重要なデータ構造の 1 つである．ここでは，二分探索木を実装することで，木構造への理解を深めよう．木はノードからできている．ノードをつなぐことで木になるわけだ．ノードは親と子をもつ．根は親ノードをもたない．いま考えている二分探索木は，データの探索や挿入において，親から子の方向へ行ければ十分なので，各ノードはその子ノードへの参照をもてばよい．実装の方針としては，まず Node クラスを作る．これは 1 つのノードを表現している．ノードは値をもち，左側の子ノードと右側の子ノードへの参照を保持する．

　二分探索木を表現するクラス BinarySearchTree は，いくつかの Node を保持する．順次 Node を追加して木を成長させられるようにする．簡単にするため，すでに木に含まれる値は追加できないものとする．また，できあがった二分探索木の中から，新たなデータの挿入点を探すメソッドも実装する．これは，自分の親が誰になるかを返すメソッドだ．

　全体はコード 5.3 のようになるだろう [4]．

◀ コード 5.3　二分探索木の実装 ▶

```
1   class Node:
2
3       def __init__(self, value):
4           self.value = value
5           self.left = None
6           self.right = None
7
8       def __str__(self):
9           # Node クラスのインスタンスを文字列表現にする
10          left = f'[{self.left.value}]' if self.left else '[]'
11          right = f'[{self.right.value}]' if self.right else '[]'
12          return f'{left} <- {self.value} -> {right}'
13
14
15  class BinarySearchTree:
16
```

---

[4] 組み込み関数 setattr や getattr を使うと，コードを少し短くできる箇所がある．余裕のある読者は改良箇所を探してみてほしい．

```python
17      def __init__(self):
18          self.nodes = []
19
20      def add_node(self, value):
21          node = Node(value)
22          if self.nodes:
23              # 自分の親ノードを探す
24              parent, direction = self.find_parent(value)
25              if direction == 'left':
26                  parent.left = node
27              else:
28                  parent.right = node
29          # この木のノードとして格納
30          self.nodes.append(node)
31
32      def find_parent(self, value):
33          node = self.nodes[0]
34          # node が None になるまでループを回す
35          while node:
36              p = node # 戻り値の候補（親かもしれない）としてとっておく
37              if p.value == value:
38                  raise ValueError('すでにある値と同じ値を格納することはできません．')
39              if p.value > value:
40                  direction = 'left'
41                  node = p.left
42              else:
43                  direction = 'right'
44                  node = p.right
45          return p, direction
```

▶ 5.2.5　二分探索木の成長

コード 5.3 の BinarySearchTree のインスタンスを作って値を追加し，木を成長させてみよう．例えば次のようなコードを実行してみる．

```
btree = BinarySearchTree()
for v in [10, 20, 12, 4, 3, 9, 30]:
    btree.add_node(v)

# 1つ1つのノードを文字列にする
for node in btree.nodes:
    print(node)
```

```
[4] <- 10 -> [20]
[12] <- 20 -> [30]
[] <- 12 -> []
[3] <- 4 -> [9]
[] <- 3 -> []
[] <- 9 -> []
[] <- 30 -> []
```

　ノードが1つもなかった木に，リストの順でデータを追加していった．そのあと，木に保持されている順番で，ノードを文字列として表示している．各ノードの左と右に自分の子ノードが表示されている．実は，木構造を簡単に可視化するのは難しい．出力された各ノードの状態を参考に，手書きで構わないので木構造を図示してみよう．図5.6のように描けるはずだ．

　少し考えるとわかるが，二分探索木の成長は挿入されるデータの順番によって違ったものになる．最も極端な例として，先ほどと同じデータをソートして与えてみよう．

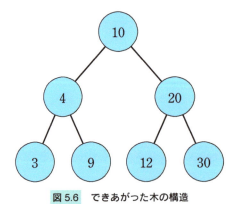

図5.6　できあがった木の構造

```
btree = BinarySearchTree()
for v in sorted([10, 20, 12, 4, 3, 9, 30]):
    btree.add_node(v)

for node in btree.nodes:
    print(node)
```

```
[] <- 3 -> [4]
[] <- 4 -> [9]
[] <- 9 -> [10]
[] <- 10 -> [12]
[] <- 12 -> [20]
[] <- 20 -> [30]
[] <- 30 -> []
```

この木を図示すると，図 5.7 のようになる．

このように一直線になってしまった木は探索において計算量の削減にまったく寄与しないことがわかるだろう．この状態の木でデータを探索することは，ソートされた配列を線形探索しているのと同じになってしまうからだ．

二分探索木を使ったデータの探索にかかる計算量を見積もってみよう．要素の個数を n としよう．計算の各ステップは要素の比較で，木を 1 つずつ根から進んでいくことに対応する．最悪の場合，木の高さに相当する h 回の比較をすればよいので，計算量は $\mathcal{O}(h)$ となる．二分探索木の高さ h と要素数 n の間に $n \leq 2^{h+1} - 1$ という関係が成り立つので，計算量を n で表現すれば $\mathcal{O}(\log n)$ ということになる．しかし，ノードが一直線に並んだような役に立たない木を作ってしまうと，高さが n となり，探索にかかる計算量も $\mathcal{O}(n)$ になってしまう．

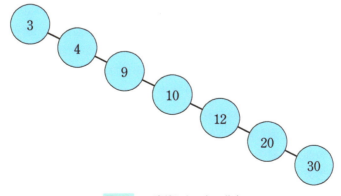

図 5.7 　一直線になった二分木

5.2.6　木のバランス

　二分探索木を使ったデータの探索や，新たな値の挿入が $\mathcal{O}(\log n)$ でできるのは，1 ステップの計算を終えるたびに探索するべき対象のサイズが約半分になることに起因していた．そのためには二分探索木の形が，左右にバランスよく作られている必要がある．いつも完全二分木が得られるとは限らないので，木の形を考えることは計算時間の点からも重要である．一般に左右のバランスがとれた木を**平衡木**（balanced tree）と呼ぶ．木のバランスが崩れたとき，できるだけ少ない計算時間で木のバランスを取り戻せると，その後の探索の計算時間が削減できる．ただ，木のバランスを取り戻すのに時間をかけすぎても意味がない．どのように木を作り直すかについてはさまざまな研究があり，データベースの検索速度の向上などに利用されている．

> 参考5.1　住所録や会員名簿など表の形になったデータは多い．表はテーブルとも呼ばれ，こうした形式のデータを扱うソフトウェアに，リレーショナルデータベース（relational database）がある．実際のデータベースには複数のテーブルが存在することが多いが，いまは 1 つのテーブルだけを考えてみよう．会員検索や新しい会員の入会処理が日常的に起こるとする．このテーブルを会員番号ですばやく検索できると便利だ．テーブルを会員番号でソートしておけば，二分探索が使える．しかし時には名前で検索したいときもあるだろう．この場合は，名前の列だけを使って二分探索木を作っておくとよい．名前での検索が必要になったときは，この二分探索木を使ってデータが何行目にあるかを知ることができる．実際には，二分探索木のほかにデータの探索に利用できるさまざまな木構造が考案されている．これは一般に，データベースのインデックスと呼ばれるもので，実際のシステムでも重要な役割を果たしている．

5.2.7　ヒープ構造

　木の概念を使ったデータ構造をもう 1 つ紹介しておこう．**ヒープ構造**（heap）[5] は，データの最小値（または最大値）を知りたいときに便利なデータ構造だ．ここでは，最小値を前提に話を進める．

　データが昇順にソートされた配列になっていれば，配列の先頭から順に値をとってくればそれが常に残りのデータの最小値になっている．しかし，データの取り出しだけではなく，データの追加も発生するとなると，その都度データの挿入点を探す必要がある．ソートされた配列なので，二分探索を使えば，$\mathcal{O}(\log n)$ の計算量で挿入点がわかる．これに加えて，配列へ要素を挿入するので，$\mathcal{O}(n)$ の計算量が必要になる．常に最小値だけがわかればよい場合「先頭に最小値がある」ということが確約されれば，配列の残りの部分の順番は綺麗に揃っている必要がないので，余計な計算量を削減できるはずだ．これを実現するのがヒープというデータ構造である．

---

[5] コンピュータ用語のヒープはまぎらわしい．ヒープがすぐに確保できるメモリ領域を指すこともある．こちらはヒープ領域と呼び，本節で説明するデータ構造はヒープ構造という言葉で区別されることが多い．本書では単にヒープといった場合は後者を指す．

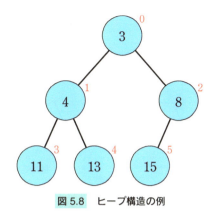

図 5.8 ヒープ構造の例

ヒープは完全二分木で表現される．木の高さを h としたときにノード数がぴったり $2^{(h+1)} - 1$ にならないときは，最も下の段に左から順に葉が並ぶ．図 5.8 に簡単なヒープ構造の例を示す．

ソートされた配列からヒープを作るのは簡単だ．配列の要素を順番に頂点として二分木を作っていけばよい．図 5.8 では，元のソートされた配列の添え字を，赤字で示している．このようにして作ったヒープは，子ノードの値が必ず親ノードの値より大きくなっている．

5.2.8　ヒープの更新

ヒープから最小値を取り出すことを考えてみよう．最小値は根にあるので，これを取り出せばよい．この計算量は $\mathcal{O}(1)$ である．木の形が崩れるので，これをどう修復するかが問題になる．図 5.9 にこの手順をまとめた．

まず，木の最後の要素を根に移動する．親子の大小関係が崩れるので，この矛盾を解決する．このとき，子ノードのうち小さいほうと交換しなければならないことに注意しよう．あとは矛盾がなくなるまで，子ノードとの交換を続けていけばよい．修復されたヒープには配列の添え字も残しておいた．これを見るとわかるように，最小値以外の要素の順番は，配列としてみるとソートされていない状態になっている．

ヒープの更新にかかる計算量を見積もっておこう．ヒープは完全二分木なので，頂点の数を n とすると深さは $\log(n)$ 程度になる．最悪の場合でも，大小関係の矛盾を解決するためのステップが，根から葉まで到達すればよいので，$\mathcal{O}(\log n)$ といえる．

5.2.9　ヒープの利点

ヒープは木で表現されるが，配列を使って実装できる．二分木で表現されたヒープを，そのまま配列として表現してみよう．それぞれの段の左から順に配列に並べていくだけでよい．そうすると，あるノードの配列での位置を i とすると，その子ノードの位置は 2*i + 1 と 2*i + 2 となることがわかる．したがって，配列の場所 i にある要素から見て，子ノードよりも自分が小さいという条件はコー

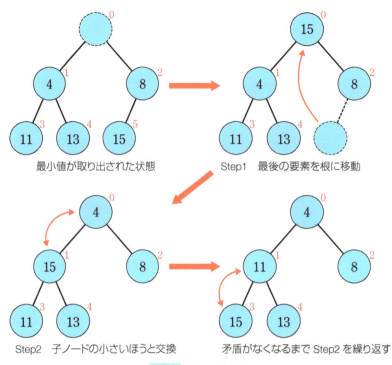

図 5.9　ヒープの更新

ド 5.4 のように書くことができる．

コード 5.4　ヒープを表現する配列が満たす条件

```
1  heap[i] <= heap[2*i + 1]
2  heap[i] <= heap[2*i + 2]
```

　ヒープは完全二分木になっていて，最も下の段の葉は左から順に詰めて配置される．こうすることで，ヒープの各ノードには必ず順番がつけられる．図 5.8 や図 5.9 の赤文字がその順番に相当する．これをそのまま配列の添え字にできるというわけだ．二分探索木を実装するには，木構造を実現するために，少し複雑なコードが必要となった．ヒープは配列だけで実装できる．これはヒープの利点といえる．

▶ 5.2.10　ヒープソート

　ヒープは常に最小値を教えてくれるので，ヒープから順々に値をとってきて並べれば，配列がソート

できることになる．これを実装してみよう．ヒープ構造も実装してもよいが，Python の標準モジュール heapq を使ってみよう．heapq には，配列をヒープになっているものとみなして，最小値の取り出しや新たな値の追加を実行してくれる関数が備わっている．

ヒープはリストとして用意する．ヒープ構造を保ちながら新たな値をヒープに追加するには，heappush 関数を使う．また，ヒープから最小値を次々にとってくるために heappop 関数がある．これらを使ったヒープソートの実装は，Python の標準ドキュメントにも載っている．このコードをコード 5.5 に示す [6]．

◀ コード 5.5　ヒープソート ▶

```
1  import heapq
2
3  def heap_sort(array):
4      heap = []
5      for v in array:
6          heapq.heappush(heap, v)
7      return [heapq.heappop(heap) for i in range(len(heap))]
```

適当な配列を用意して実行してみよう．

```
my_array = [random.randint(0, 100) for i in range(15)]
my_array
```

```
[14, 47, 60, 31, 48, 69, 13, 73, 31, 1, 93, 27, 52, 35, 23]
```

```
heap_sort(my_array)
```

```
[1, 13, 14, 23, 27, 31, 31, 35, 47, 48, 52, 60, 69, 73, 93]
```

ヒープを使った配列のソートができた．簡単に計算量を見積もっておこう．入力サイズを n とする．ヒープソートの計算量は，ヒープの作成とその後のヒープの利用の合計になる．詳しい説明は省略するが，ヒープの作成は $\mathcal{O}(n)$ の計算量でできる [7]．各ステップではヒープから値を取り出すので，ヒープの更新が必要になる．これは $\mathcal{O}(\log n)$ の計算量だ．要素が n 個あるので，$\mathcal{O}(n \log n)$ となる．ヒープの作成 $\mathcal{O}(n)$ より，こちらのほうが影響が大きいので，ヒープソートの計算量は $\mathcal{O}(n \log n)$ となる．

---

[6] 変数名をわかりやすいように変更している．
[7] このアルゴリズムの詳細は参考文献 4 などを参照するとよいだろう．

これは，マージソートやクイックソートと同じ計算量だ．

　ヒープを使うと手元のデータ集合の中の最小値を常に知ることができる．実際に，次の6章でグラフの最短経路を求めるアルゴリズムでヒープを利用する．

➤ 5.3 ハッシュを使った探索

　何がどこにしまってあるかが決まっていると，すぐに取り出すことができるので便利だ．机や鞄の決まった位置によく使う小物がしまわれていたり，台所では決まった場所に包丁や調味料が置いてあるものだ．塩が必要になれば，すぐに手を伸ばしてとることができる．データの探索にこれを応用できないだろうか．本節では，定数時間（$\mathcal{O}(1)$）で探し物を見つけることができるデータ構造について学ぶ．

▶ 5.3.1 Pythonの辞書型

　Pythonの辞書型（dictionary）は，キーと値のペアを保持するデータ型だ．その性質からマッピング型と呼ばれることもある．

```
# 空の辞書型を作る
my_dic = {}

# キー：文字列「taro」，値：整数の10
my_dic['taro'] = 10

# キー：整数の2，値：リスト
my_dic[2] = [1, 2, 3]
```

　キーを指定すれば値を定数時間で取得できる．また，値は変更できるので，リストのようなオブジェクトが値になっているときは，データの追加なども可能だ[8]．

```
my_dic['taro'] = 30
my_dic[2].append(25)
my_dic
```

```
{'taro': 30, 2: [1, 2, 3, 25]}
```

　辞書型の値には制限がないが，キーにできるオブジェクトは限られている．例えば，リストはキー

---

[8] ここでは説明のためにいろいろなパターンのキーと値を示しているが，実際にはキーと値のデータ型はそれぞれ統一されていることが多いだろう．

にできない.

```
my_dic[[1, 2, 3]] = 'my list'
```

```
---------------------------------------------------------------------------
TypeError                                 Traceback (most recent call last)
<ipython-input-194-2c876e5174ae> in <module>
----> 1 my_dic[[1, 2, 3]] = 'my list'

TypeError: unhashable type: 'list'
```

辞書型のキーにできるかどうかは，組み込み関数 hash の引数としてエラーが出ないかどうかでわかる.

```
hash('taro')
```

```
-5272851171698989335
```

紙面の数値と一致していなくても構わない. ここでは，引数が同じなら，何度実行しても同じ値が返ってくることを確認してほしい. リストを引数にして実行するとエラーになる.

```
# エラーになる
hash([1, 2, 3])
```

5.3.2 ハッシュ関数の性質

hash 関数は，その名の通り引数にとったオブジェクトのハッシュ値を返す関数だ. hash は英語で「切り刻む」という意味がある. hash 関数は引数にとったオブジェクトに対応する整数値を返す. 実際にコードを書いて，もう少し詳しく hash 関数の動作を探ってみよう.

同じ文字列であれば，ハッシュ値は同じだ.

```
a = 'abc'
hash(a) == hash('abc')
```

```
True
```

ただし，オブジェクトが似ているかどうかとハッシュ値には何の関係もない.

```
hash(123) - hash(123.1)
```
```
-230584300921356288
```

数字が近いのでハッシュ値の差も小さいのではないかという予想もあり得るが，まったくそのようなことはない．

hash 関数の特徴をまとめると次のようになる．

- オブジェクトに対応した整数値を返す．
- オブジェクトが同じなら同一のハッシュ値を返す．

2つ目の条件に関しては，逆は必ずしも成り立たない．つまり，違うオブジェクトを引数にとって同じハッシュ値を返すことはあり得る[*9]．

データのハッシュ値を，データの探索に利用するのが**ハッシュテーブル**だ．実際にハッシュテーブルを実装しながらその仕組みを学んでいこう．

5.3.3 ハッシュテーブルの構造

ハッシュテーブルの基本的な仕組みを図 5.10 に示す．ハッシュテーブルはデータの探索を高速で行うためのデータ構造だ．データのハッシュ値を計算し，その値に応じた場所にデータを格納する．ハッシュ値がわかればデータがどこにあるかすぐわかる．このため，ハッシュテーブルの探索にかかる計算量はデータのサイズによらず $\mathcal{O}(1)$ の定数時間となる．

データの格納にどのような構造を使うかは工夫の余地がある．例えばハッシュ値が正の整数ならば，それをそのままリストの添え字に使うというのは自然な発想だろう．しかし，hash 関数で計算されるハッシュ値は負の数もあり得るので，そのままリストの添え字にはできない．加えて，次の2点を考慮する必要がある．

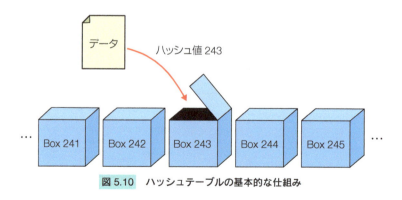

図 5.10　ハッシュテーブルの基本的な仕組み

[*9] これを意図的に起こすことを困難にしたものが，暗号学的ハッシュ関数と呼ばれるもので，10 章でその応用について触れる．

- hash 関数が返すハッシュ値の範囲はかなり広い．格納には長大なリストが必要になる．
- 違うオブジェクトが同じハッシュ値をもつことがある．

これらの問題の解決策を探りながら，ハッシュテーブルを実装してみよう．

5.3.4　ハッシュテーブルの実装

まずは hash 関数から返ってくる整数を，自分が決めた範囲に収める方法を考えよう．次のような問題を考えることにする．

問題 5.1

どんなに大きな整数値が来ても，それを一定の範囲に収まるように変換する方法はあるだろうか．

もちろん同じ整数値を入力とした場合は，常に同じ値が出力されなければならない．例えば，0〜99に収めることを考える．比較的シンプルだが実用的な方法に，100 で割った余りを利用するというものがある．どんなに大きな整数も，100 で割った余りは 0〜99 になる．入力には負の数も考えられるが，商をマイナスにすれば，余りは正の数になってくれるところも好都合だ．組み込み関数 divmod で確認しておこう．divmod は，1 つ目の引数を 2 つ目の引数で割って，商と余りをタプルで返してくれる．

```
divmod(301, 100)
```

```
(3, 1)
```

```
divmod(-999, 100)
```

```
(-10, 1)
```

ハッシュ関数がどれほど大きな整数を返しても，長さ 100 のリストを用意しておき，余りをそのまま添え字として使えばよさそうだ．

これから実装するハッシュテーブルは普段利用している Python の辞書型とほとんど同じ機能を有するが，ここでその動きを確認しておこう．作ろうとしているものは，キーと値のペアを保存でき，あとからキーを指定すると値を取得できる．1 つのハッシュテーブルの同一のキーには，複数の値を格納できない．

同一のキーに複数の値が対応することはないが，違うキーのハッシュ値が同じになることはある．これをハッシュ値の衝突と呼ぼう．キーのハッシュ値が衝突しても正しく動作する実装にする必要が

ある．格納する値は，リストを作って並べることにしよう．このときキーもまとめて保存して，あとから線形探索で目的の値を探せるようにしておく（図 5.11）．これで 2 つ目の問題も解決できた．

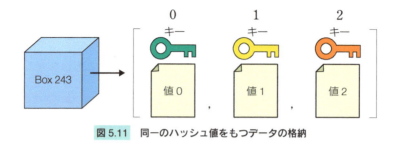

図 5.11 同一のハッシュ値をもつデータの格納

まとめると，コード 5.6 のような実装が 1 つの例として考えられるだろう．

◀ コード 5.6　ハッシュテーブル ▶

```python
class HashTable:

    def __init__(self, table_size=100):
        # テーブルのサイズを引数で変更できるようにしてある
        self.data = [[] for i in range(table_size)]
        self.n = table_size

    def get_hash(self, v):
        # オブジェクトのハッシュ値を計算する
        return hash(v) % self.n

    def search(self, key):
        # key を使って値を探す
        i = self.get_hash(key)
        for j, v in enumerate(self.data[i]):
            if v[0] == key:
                return (i, j)
        return (i, -1)

    def set(self, key, value):
        # データを格納するべき場所を探す
        i, j = self.search(key)
        if j != -1 :
            # すでにある値を書き換える
```

```
25                self.data[i][j][1] = value
26            else:
27                # 新たなデータとして付け加える
28                self.data[i].append([key, value])
29
30        def get(self, key):
31            i, j = self.search(key)
32            if j != -1:
33                return self.data[i][j][1]
34            # キーが見つからない場合はエラーを返す
35            raise KeyError(f'{key} was not found in this HashTable!')
```

set メソッドを使って，キーと値のペアを格納し get メソッドを使って値を取得してみよう．

```
my_hash_table = HashTable()
my_hash_table.set('taro', 10)
my_hash_table.get('taro')
```

```
10
```

● 5.3.5 ハッシュテーブルとサイズ

　ハッシュテーブルは，ハッシュ値を使って効率よくデータを探索するためのデータ構造だった．しかしハッシュ値が衝突する場合があり，今回はリストを作ってデータを並べることでこの問題を解決した．このほかにも空いている別の場所を探すなど，いろいろな解決策を考えられる．しかし，余計な計算が必要なことに変わりはない．ハッシュテーブルのサイズを大きくすれば，この問題は解決するのだろうか．

　hash 関数が 64 ビットの整数を返すとしよう．2^{64} は約 172 億 G ビットとなり，バイトで考えると 21 億 G バイトだ．これは一般的なコンピュータで扱えるメモリ量ではない．そもそも，こんな広大なハッシュテーブルを用意しても，ほとんどの場所にデータが格納されずスカスカな状態になるだけだ．

　この考察からわかるように，ハッシュテーブルは扱っているデータ量に見合ったサイズを設定する必要がある．100 種類くらいのデータを扱うのか，1 万種類になるのかによって，ハッシュテーブルのサイズを適切に変更するということだ．ハッシュテーブルの仕組みを理解しておくと，この意味がよくわかるだろう．しかし，実装するのは大変だ．最初からデータの種類数がわかっていることはまれなので，状況に応じて適切な対応が必要になる．幸いなことに，現代のプログラミング言語は，このような基本機能を処理系が提供してくれるため，普段はハッシュテーブルのサイズを気にする必要はない．

➤ 第5章　練習問題

5.1 ランダムに整数を10個生成し，コード5.3のプログラムを使って木を成長させてみよ．今回の実装は同じ値を格納できないので，入力データを工夫する必要がある．また，Node情報を画面に出力し，できあがった木の全体像を手書きで再現せよ．

5.2 heapqモジュールのheapifyはリストを引数として，最小値が先頭にくるヒープ構造を返す．問題5.1で作ったリストをヒープに変換せよ．ヒープではi番目の要素に子ノードがあるとき，$2i+1$と$2i+2$にそれぞれ配置される．これらが親ノードより大きな数になっていることを確認せよ．

5.3 組み込み関数hashは整数値でハッシュ値を返す．数値として等しい値は，等しいハッシュ値を返す仕様になっているので，1と1.0のハッシュ値は等しい．組み込み関数idもまたオブジェクトに固有の整数値を返す．これらの違いを調査せよ．

5.4 コード5.6で実装したハッシュテーブルのサイズは100だった．300種類ほどのデータをランダムに生成しこのハッシュテーブルに格納してみよう．ハッシュ値ごとにいくつのデータが格納されているか数えよ．

{ 第 **6** 章 }

グラフ構造

グラフは多数の要素とそれらのつながりを表現するデータ構造だ．自然界にも多くの例を見出すことができる．まずはグラフの基本を理解しよう．その後，グラフを処理するための基本的なアルゴリズムについて説明する．ここでキューとスタックというデータ構造についても合わせて紹介する．最後は実用的にもよく使われる最短距離を計算するための方法を 2 つ扱う．このうちの 1 つで使われている動的計画法という考え方は，グラフに限らず問題解決に頻繁に利用される方法論の 1 つになっている．

➤ 6.1 グラフとその表現方法

友人や知人と話していて，偶然にも共通の知り合いを見つけることはよくあるだろう．また最近ではそれが SNS 上でわかることもある．このような人のつながりは，数学的にはグラフと呼ばれる構造で表現できる．まずはグラフの基本について学んでいくことにしよう．

▶ 6.1.1 身近にあるグラフ構造

生物は細胞から構成されている．1 つの細胞だけで成り立っている生物もいれば，ヒトをはじめ身の回りの動植物のように多数の細胞が集まって形作られる生物もいる．細胞はタンパク質からできている．タンパク質の種類は膨大だ．ヒトの細胞は 10 万種類にも及ぶタンパク質を利用していると考えられている．タンパク質は単独で機能することは少ない．いくつかのタンパク質が結合して機能したり，別のタンパク質の生化学的な活性状態を変えたりして，細胞が生きている状態を維持している．図 6.1 は，梅毒の原因として知られている細菌について，576 のタンパク質の相互作用を可視化したものだ．

点が 1 つのタンパク質を表す．2 つのタンパク質に相互作用がある場合は，それらを線でつなぐ．線

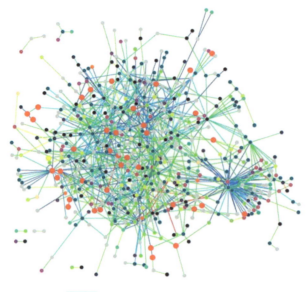

図 6.1　タンパク質相互作用ネットワーク

［出典：Titz, Björn, *et al.*, The binary protein interactome of *Treponema pallidum*: the syphilis spirochete, *PloS one* 3.5 (2008): e2292.］

は全部で 991 本ある[*1]．

このように，複数の要素とそれらの関係性で表現できる事柄は身の回りにあふれている．要素を Web サイト，つながりを URL のリンクにすれば，インターネット上のサイト全体がどのように接続されているかを表現できる．また，道路地図や鉄道路線図もこうした構造に似ている．要素を人，つながりを友人関係にするなど，いろいろな応用を考えることができる．こうした構造は**グラフ**（graph）または**ネットワーク**（network）と呼ばれる．

6.1.2　グラフの基礎

まず基本的な用語を整理しておこう．グラフは**頂点**（vertex）と**辺**（edge）から構成される．頂点は**節点**（**ノード**，node），辺は**弧**（arc），**リンク**（link），**枝**（branch）[*2] などと呼ばれることもある．

ある 2 つの頂点が 1 つの辺でつながるとき，これらの頂点は**隣接**（adjacent）しているという．2 つの辺についても，これらが 1 つの頂点を共有しているときには隣接しているという．ある辺の両端の頂点は**端点**（endpoint）という．ある頂点に関して，その頂点と隣接する頂点がいくつあるか，つまり何本の辺が出ているかは，**次数**（degree）と呼ばれる．

図 6.2 にグラフの例を示した．ある 2 つの頂点を結ぶ辺の集合を**道**（路，path）という．例えば，

[*1] 図 6.1 は実験によって得られた 1 つの結果でしかない．多数のタンパク質が細胞の中でどのように機能しているかは，1 つの細胞だけからなる生物ですらまだよくわかっていない．

[*2] 木はグラフの特殊な場合であり，このときは辺が枝と呼ばれることが多い．

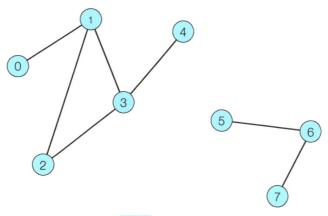

図 6.2　グラフの例

頂点を 2 から 4 へ，2 → 3 → 4 と進む道が考えられる．すべての頂点の間に道があるグラフを**連結グラフ**（connected graph）という．図 6.2 では，頂点集合 0, 1, 2, 3, 4 と 5, 6, 7 からなるグラフはそれぞれ連結グラフだ．頂点集合を 0, 1, 2, 3, 4, 5, 6, 7 へ拡大すると，連結グラフではなくなる．この場合は**連結成分**（connected component）が 2 つあると表現される．すべての頂点ペアについて，それらを結ぶ道がただ 1 つしかないグラフが**木**（tree）だ．木はすでに 4 章でも扱った．ある頂点からいくつかの頂点を経て，出発した頂点へ戻ってくる道がある場合それを**閉路**（cycle）という．図 6.2 では，頂点 1 から 2 と 3 を経由して 1 に戻る道は閉路だ．その定義からわかるが，木には閉路がない．また，いくつかの木で構成されるグラフを**森**（forest）と呼ぶことがある．

辺に向きがあるグラフを**有向グラフ**（directed graph）と呼び，辺に矢印をつけて表現する．人と人の関係性を表現するグラフなら，片思いには矢印がある．辺に向きがない場合は**無向グラフ**（undirected graph）と呼ぶ．図 6.2 は無向グラフだ．グラフの辺に数値で重みが割り当てられていることもある．例えば，世界の空港を結ぶ航空機のネットワークを考えよう．頂点は空港で，ある 2 つの空港を結ぶ直行便があれば辺でこれらを結ぶ．近い空港もあれば遠い空港もあるので，辺に所要時間の情報を付加しよう．これが辺の重みになる．本章ではおもに，辺に重みがない無向グラフを扱うことにする．

6.1.3　グラフを表現するデータ構造

グラフを表現するための代表的なデータ構造には，隣接行列と隣接リストがある[*3]．まず隣接行列から説明していこう．

グラフにはいくつもの頂点があるので，それらがどのように辺でつながっているかを表現するデータ構造を考えることになる．これは，行列を使うと簡単に表現できる．これを**隣接行列**（adjacency matrix）という．隣接行列は，行と列のサイズが等しい正方行列で，サイズはグラフに含まれる頂点の数になる．行列の i 行 j 列の要素は，頂点 i と j の間に辺があれば 1，それ以外は 0 となる．図 6.2

[*3] このほか，行に頂点，列に辺を割り当ててグラフを表現する**接続行列**（incidence matrix）などがある．

$$\begin{array}{c}\begin{array}{cccccccc}0&1&2&3&4&5&6&7\end{array}\\\begin{array}{c}0\\1\\2\\3\\4\\5\\6\\7\end{array}\left[\begin{array}{cccccccc}0&1&0&0&0&0&0&0\\1&0&1&1&0&0&0&0\\0&1&0&1&0&0&0&0\\0&1&1&0&1&0&0&0\\0&0&0&1&0&0&0&0\\0&0&0&0&0&0&1&0\\0&0&0&0&0&1&0&1\\0&0&0&0&0&0&1&0\end{array}\right]\end{array}$$

図 6.3 隣接行列によるグラフの表現

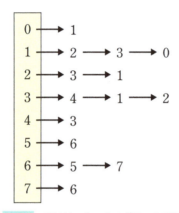

図 6.4 隣接リストによるグラフの表現

　のグラフを表す隣接行列は図 6.3 のようになる．

　無向グラフの隣接行列は対称行列になる．つまり，行列の i 行 j 列の要素と j 行 i 列の要素は等しい．ここでは自分自身につながる辺を考えないので，隣接行列の対角成分はすべて 0 とする．

　隣接リスト（adjacency list）という表現方法もある．それぞれの頂点から見て，隣接する頂点を連結リストなどで保持するデータ構造だ．図 6.4 は，図 6.2 のグラフを隣接リストによって表現したものだ．

　頂点 1 から見ると頂点 0, 2, 3 が隣接しているので，それらを並べていくデータ構造になっている．この場合，頂点の順番は問わない．

　隣接行列はグラフの頂点数 n に対して，必ず n 行 n 列の行列を用意する必要がある．辺があるところだけが 1 になるので，辺が少ないと行列のほとんどの要素が 0 だ．これに対して隣接リストでは，ある頂点に隣接する頂点だけを管理するので無駄が少ない．ただ，よほど巨大なグラフを扱うのでなければ，隣接行列を使うのがよいだろう．隣接行列にはデータ構造がわかりやすいという利点がある．

本書の以降では，隣接行列を使ってグラフに関するアルゴリズムを実装する．

6.1.4　NetworkX の利用

Python で使えるグラフのための外部パッケージに，NetworkX がある．例えば，図 6.2 の頂点集合 5, 6, 7 からなる小さなグラフは次のコードで作成できる．

```python
import networkx as nx
graph = nx.Graph()
graph.add_edge(5,6)
graph.add_edge(6,7)
```

NetworkX はグラフに関するかなり高度な計算が手軽にできるライブラリだ．本章の後半で紹介するグラフの最短経路探索なども 1 行で計算してくれる．グラフの描画も可能で，次のようなコードで可視化できる（図 6.5）．

```python
# Jupyter Notebook の場合
%matplotlib inline
nx.draw_networkx(graph)
```

実際にグラフを使ったデータ解析をする場合は，NetworkX のような外部パッケージを利用するのがよいだろう．本章では，こうしたプログラムがどのような仕組みで動いているのかを知るために，

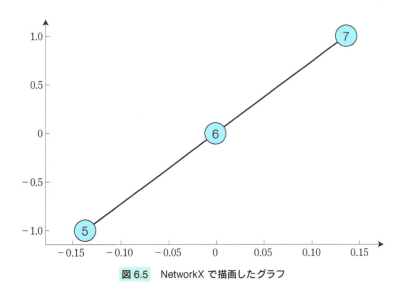

図 6.5　NetworkX で描画したグラフ

その裏側で使われているアルゴリズムを学んでいくことにしよう.

➤ 6.2 グラフ探索のアルゴリズム

　配列のようにデータが一方向に並んでいる場合は,すべての要素をもれなく処理したいとき,先頭から順番に計算を進めればよいのでわかりやすい.しかし,グラフにはたくさんの枝わかれがあるのが普通で,配列のような単純な方向という概念は考えにくい.本節では,グラフの頂点をもれなくすべて処理する方法について学んでいく.

◗ 6.2.1 グラフを作る

　実際に動くコードを書きながら,グラフ構造に対するアルゴリズムを学んでいく.まずはサンプルとなるグラフを作ろう.ランダムに辺を発生させてグラフを作る.

　最初に頂点と辺の数を決めて,ランダムに辺を発生させる.同じ辺が作られてしまう可能性もあるので,辺の数が最初に決めた数になるまで辺の生成を繰り返す関数を作ろう[*4].グラフを隣接行列で表現する.わかりやすいように辺の集合も戻り値として返す.

◖ コード 6.1　グラフの生成 ▶

```
1   import random
2
3   def generate_graph(n, m):
4       """ n個の頂点とm個の辺をもつグラフを作る """
5       graph_data = [[0] * n for i in range(n)]
6       # 同じ辺が同一視されるようにset を用意
7       edge_set = set()
8       while len(edge_set) < m:
9           i, j = random.sample(range(n), 2)
10          if i > j: i, j = j, i
11          edge_set.add((i,j))
12          graph_data[i][j] = graph_data[j][i] = 1
13      return graph_data, edge_set
```

　16 頂点に対して 20 の辺を生成し,グラフを作ってみよう.

[*4] 頂点が n 個のときには,最大でも $\frac{n^2-n}{2}$ 個の辺しか作れない.コード 6.1 の関数に,誤ってこれを越える辺の数 m を指定すると while ループが終了しないので注意しよう.

```
random.seed(6)
node_num = 16
edge_num = 20
my_graph, edge_set = generate_graph(node_num, edge_num)
edge_set
```

```
[(0, 2),
(0, 4),
(0, 8),
(1, 9),
(2, 5),
(2, 7),
(2, 13),
(3, 12),
(3, 15),
(5, 11),
(5, 13),
(6, 8),
(6, 11),
(6, 13),
(7, 8),
(7, 11),
(8, 10),
(12, 13),
(12, 15),
(13, 14)]
```

グラフを描画する[*5]と，図 6.6 のようになる．全体は連結グラフにはなっておらず，2 つの連結成分からなるグラフだとわかる．

擬似乱数のシードが違うと，できあがるグラフは違ったものになる．また，頂点や辺の数によっても違ったグラフができる．以降のアルゴリズムを試すには，全体がいくつかの連結成分にわかれているほうがよいが，本書の例とは違ったグラフで試してみても構わない．

先ほど生成したグラフの隣接行列を確認しておこう．

```
my_graph
```

[*5] 公開資料に描画のためのコードを掲載した．

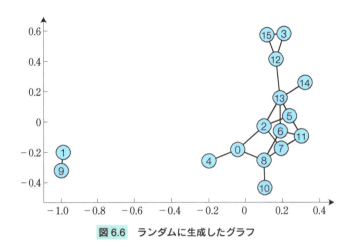

図 6.6　ランダムに生成したグラフ

```
[[0, 0, 1, 0, 1, 0, 0, 0, 1, 0, 0, 0, 0, 0, 0, 0],
 [0, 0, 0, 0, 0, 0, 0, 0, 0, 1, 0, 0, 0, 0, 0, 0],
 [1, 0, 0, 0, 0, 1, 0, 1, 0, 0, 0, 0, 0, 1, 0, 0],
 [0, 0, 0, 0, 0, 0, 0, 0, 0, 0, 0, 0, 1, 0, 0, 1],
 [1, 0, 0, 0, 0, 0, 0, 0, 0, 0, 0, 0, 0, 0, 0, 0],
 [0, 0, 1, 0, 0, 0, 0, 0, 0, 0, 0, 1, 0, 1, 0, 0],
 [0, 0, 0, 0, 0, 0, 0, 1, 0, 0, 1, 0, 1, 0, 0, 0],
 [0, 0, 1, 0, 0, 0, 0, 0, 1, 0, 0, 1, 0, 0, 0, 0],
 [1, 0, 0, 0, 0, 0, 1, 1, 0, 0, 1, 0, 0, 0, 0, 0],
 [0, 1, 0, 0, 0, 0, 0, 0, 0, 0, 0, 0, 0, 0, 0, 0],
 [0, 0, 0, 0, 0, 0, 1, 0, 0, 0, 0, 0, 0, 0, 0, 0],
 [0, 0, 0, 0, 0, 1, 1, 1, 0, 0, 0, 0, 0, 0, 0, 0],
 [0, 0, 0, 1, 0, 0, 0, 0, 0, 0, 0, 0, 0, 1, 0, 1],
 [0, 0, 1, 0, 0, 1, 1, 0, 0, 0, 0, 0, 1, 0, 1, 0],
 [0, 0, 0, 0, 0, 0, 0, 0, 0, 0, 0, 0, 0, 1, 0, 0],
 [0, 0, 0, 1, 0, 0, 0, 0, 0, 0, 0, 0, 1, 0, 0, 0]]
```

▶ 6.2.2　連結グラフを探す

　図 6.6 で示されるグラフから，連結成分を探し出すことを考えよう．この程度の個数であれば見ればすぐにわかる．しかし，図 6.1 のように現実のデータでは大規模なグラフになることもある．グラフをコンピュータで処理するためのアルゴリズムが必要となる．

　連結成分を探し出すために，ある頂点から到達できる頂点を列挙することを考えよう．到達できる頂点をもれなく探し出す方法だ．ある頂点の隣にある頂点は，隣接行列の 1 つの行（または列）を参照すればわかる．例えば頂点 i の隣の点を知りたければ，行列の i 行目を見ればよい．これはベクトルになるので，頂点 i の隣接ベクトルとも呼ばれる．探索作業はこのあと，さらに隣の頂点へ進み，最

終的には到達できるすべての頂点へたどり着く必要がある．

　グラフは，配列のようにデータがある一方向に並んでいるわけではない．したがって，順番に何かをしようと思うと，その順番すらもどうするかを考える必要がある．このことを視覚的に理解するために，図 6.7 を使って説明しよう．

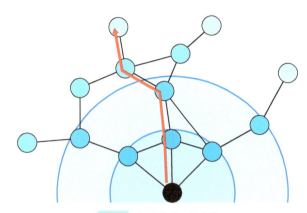

図 6.7　探索の 2 つの方法

　図 6.7 で黒く塗りつぶした頂点から出発し，到達できる頂点を列挙したい．戦略は 2 つ考えられるだろう．まず，図中に青線で示したように，近いところから順に到達できる頂点を探し尽くす方法がある．やれることから着々と足場を固めていくイメージだろうか．もう 1 つは，とりあえず行けるところまで行く方法だ．図では赤線で示した．行けるところまで行き，行き止まりになったら，最後に分岐した点まで戻り，探索を継続する．

　これらの探索方法には，それぞれ名前がつけられている．着々と足場を固める戦略（図中青線）は**幅優先探索**（breadth first search），ひとまず行けるところまで行く戦略（図中赤線）は**深さ優先探索**（depth first search）と呼ばれている．実は，これらの概念はグラフに関するアルゴリズムだけで使われる用語ではない．探索のときに幅と深さのどちらを優先するかという問題は，日常的なアルゴリズムの設計でもよくある悩みの 1 つだ．

　まずは，幅優先探索を実装してみよう．その前に，このアルゴリズムで使われる**キュー**（queue）というデータ構造について説明する．

6.2.3　キュー

　商品購入のためにスーパーマーケットなどのレジに並ぶことはよくあるだろう．最初に並んだ人が先にお会計をしてもらえる仕組みだ．キューはこれと同じで，データの待ち行列だ（図 6.8）．
　図では左側が先頭になり，溜まったデータは右に並んでいく（図 6.8(b)）．処理はデータの先頭，図では左から順に行われる（図 6.8(c)）．データはキューから取り出されて処理されるので，すべての

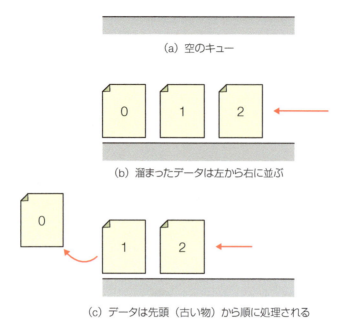

図 6.8　キューの構造

データ処理が終わるとキューは空になる．キューの仕組みは，より先に列に並んだほうが先に処理されるという意味で，**FIFO**（First-In First-Out）[*6] と呼ばれる．

キューは比較的簡単なデータ構造なので，Python のリストを使ってもすぐに実装できる．しかし，Python のリストでは，先頭の要素を取り除く処理に $O(n)$ の時間がかかる．これを効率化してくれる，deque（デック）というクラスが，標準モジュールの collections の中にあるので，こちらを利用することにしよう．

deque は double-ended queue の略で，両側からデータの追加と取り出しが可能だ．いまは append を使って右側（末尾）からデータを追加し，左（先頭）から popleft でデータを取り出す[*7]．

次のコードで，1, 2, 3 をキューに追加できる．

```python
from collections import deque

queue = deque([])
queue.append(1)
queue.append(2)
queue.append(3)
print(queue)
```

[*6] ファイフォ，フィーフォなどと発音されることが多いようだ．
[*7] appendleft を使って左から追加したデータを pop を使って右から取り出すことでもキューを作ることもできる．

```
deque([1, 2, 3])
```

`popleft` メソッドで先頭の要素を取り出すことができる.

```
print(queue.popleft())
print(queue)
```

```
1
deque([2, 3])
```

6.2.4 グラフの幅優先探索

キューを使った幅優先探索のアルゴリズムについて説明しよう. 動作の基本は, いまいる頂点の隣の頂点を列挙し, それを到達可能な点として保存していく作業だ. ある頂点の隣の点は, 隣接行列から隣接ベクトルを取り出して参照すればよい. 初めて見る頂点は, キューに保存しておく. これは, 処理しなければならない頂点をひとまず並べておく作業だ. 幅優先探索はここでキューを使うので, 先に見つかったものが処理されるまで, 後から見つかった頂点は処理されない. 一連の処理を日本語で書くと, アルゴリズム 6.2 のようになる.

◀ アルゴリズム 6.2　幅優先探索のアルゴリズム ▶

```
1   入力：スタートの頂点（v）, グラフを表現する隣接行列
2   出力：頂点 v から到達できるすべての頂点
3   手続き；
4   1. 作業用のキュー（Q）と到達した頂点を保存するための set（S）を用意し, それぞれに v を追加する
5   2. キューから頂点を取り出す
6   3. 取り出した頂点の隣にあるすべての頂点に対して以下の処理を行う
7        S に入っていなければ, Q と S の両方へ追加する
8   4. Q が空なら S を出力して終了する. そうでなければ手続き 2 へ移動
```

アルゴリズムを実装してみよう（コード 6.3）. 関数の 1 つ目の引数は探索の開始点, 2 つ目の引数（大文字の W）はグラフを表す隣接行列だ.

◖ コード6.3　幅優先探索 ◗

```python
def breadth_first_search(start, W):
    """ 隣接行列 W で表現されるグラフについて,
    start から到達できる node の一覧を返す
    """
    # リストをキューにする
    work_queue = deque([])
    visited = set()
    # 初期化
    work_queue.append(start)
    visited.add(start)
    while work_queue:
        # いまいる頂点
        here = work_queue.popleft()
        # いまいる頂点に隣接する頂点すべてを処理する
        for i, node in enumerate(W[here]):
            # 隣接しなければ何もしない
            if node == 0: continue
            if i not in visited:
                work_queue.append(i)
                visited.add(i)
    return visited
```

　実行してみよう．図6.6を見ると，1番の頂点から探索を始めると，9番までしか到達できないはずだ．

```
breadth_first_search(1, my_graph)
```

```
{1, 9}
```

10番の頂点から始めると，もっと多くの頂点へ到達できる．

```
breadth_first_search(10, my_graph)
```

```
{0, 2, 3, 4, 5, 6, 7, 8, 10, 11, 12, 13, 14, 15}
```

出発する場所に応じて，正しく連結成分を探し出せていることがわかる．
　グラフ探索のアルゴリズムでは，探索を始めた頂点から到達できるそれぞれの頂点までの道ができ

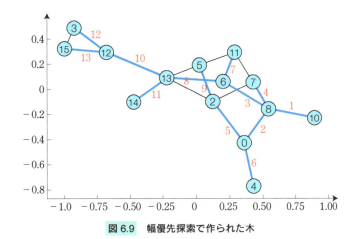

図 6.9 幅優先探索で作られた木

る．これらを集めると，そこに閉路は含まれないので木ができる．図 6.9 で青く塗られた辺が，頂点 10 を出発点にした探索の結果できた木だ．探索がどのように進んでいったのかがわかるように，辺に番号をつけた．これは，次に紹介する深さ優先探索との比較でもう一度検討しよう．

▶ 6.2.5 深さ優先探索とスタック

もう 1 つの探索方法である，深さ優先探索を実装してみよう．基本的なアルゴリズムは，アルゴリズム 6.2 と同じだ．違うところは，調べるべき頂点をキューではなく，**スタック**（stack）というデータ構造に保存するところだ．

英単語 stack には「積み重ね」という意味がある．スタックは文字通り，処理するべきデータを積み重ねて保持する．後から来たデータは，先に入ったデータの上に積み上がる（図 6.10(b)）．最後にスタックに追加された一番新しいデータが次に処理される対象になる（図 6.10(c)）．

スタックの動作は，最後に入ったデータが最初に出ていくことになるので **LIFO**（Last-In First-Out），

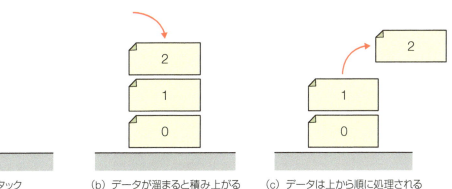

(a) 空のスタック　　(b) データが溜まると積み上がる　　(c) データは上から順に処理される

図 6.10 スタック

同じく先に入ったものが後に出るという意味で **FILO**（First-In Last-Out）とも呼ばれる[8].

　Python のリストは，append メソッドで末尾にデータが付け加わり，pop メソッドに引数を与えなければ末尾からデータが取り出される．つまりリストはそのままスタックとして利用できる．

▶ 6.2.6　深さ優先探索の実装

　グラフの深さ優先探索を実装するには，コード 6.3 においてキューを使っていたところを，スタックにすればよい（コード 6.4）．あわせて，popleft を pop にし，データが追加される末尾から，次に処理するデータを取得する．

◀ **コード 6.4　グラフの深さ優先探索** ▶

```python
def depth_first_search(start, W):
    # リストをスタックとして利用する
    work_stack = []
    visited = set()
    work_stack.append(start)
    visited.add(start)
    while work_stack:
        here = work_stack.pop()
        for i, node in enumerate(W[here]):
            if node == 0: continue
            if i not in visited:
                work_stack.append(i)
                visited.add(i)
    return visited
```

　実行してみよう．同じく 10 番の頂点を始点にしてみる．結果は幅優先探索と同じものになる．

```
depth_first_search(10, my_graph)
```

```
{0, 2, 3, 4, 5, 6, 7, 8, 10, 11, 12, 13, 14, 15}
```

　深さ優先探索でも幅優先探索と同じように，始点から各頂点への道が作られるので，これらをまとめて木を作ることができる（図 6.11）．

　図 6.11 で，青くなっている辺が探索の途中で通った辺だ．図 6.9 で示した幅優先探索で作られる木と比較してみよう．小規模で簡単なグラフなのであまり違いはないが，頂点 0 から頂点 4 を見つける

---
[8] それぞれ，ライフォ，ファイロなどと発音される．

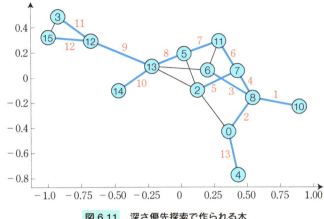

図 6.11 深さ優先探索で作られる木

順番に注目しよう．頂点 4 は出発点（頂点 10）から比較的近いので，幅優先探索の図 6.9 では探索の前半で見つかっている．一方，深さ優先探索の図 6.11 では，一番最後になっているのがわかるだろう．早い段階で頂点 0 がスタックに積まれるが，そのあと次々にデータが積まれていき，処理されるまでに時間がかかっている様子が見てとれる[*9]．

6.3 最短距離を求める

長い人生途中で少しくらい遠回りをしても構わないが，何か目標があるならできるだけ早く到達したいと思うだろう．

グラフ構造のデータに対して頂点間の最短距離を求める問題は，アルゴリズム開発の主要なテーマの 1 つだった．カーナビゲーションシステムなど身近な応用例もすぐに思いつく．本節では，最短距離を求めるアルゴリズムを 2 つ紹介しよう．

6.3.1 グラフの最短経路

道路地図や鉄道路線図を見て，ある 2 点間のだいたいの最短経路を見つけ出すという課題を考えよう．地図を見て，なんとなく最短経路を見つけ出す作業は，人間にとってはそれほど難しくないかもしれない．コンピュータにこうした計算をさせる場合には，最短経路を見つけ出すためのアルゴリズムが必要だ．どのような計算をすればよいだろうか．

いきなり全体の動作を考えるのは難しいので，最短経路の探索がある程度進んだ状態を想定しよう．図 6.12 はこれを示したものだ．頂点 s から最短経路の探索を始め，いま v に到達したという状態を示している．s から v への最短経路が複数ある可能性もある．それらのうちどれか 1 つを通って最短で

[*9] 公開資料では，キューとスタックの状態を表示するコードを追加してあるのでアルゴリズムの動作を理解するための参考にしてほしい．

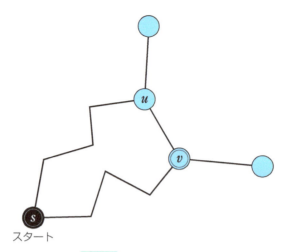

図 6.12　最短距離の決め方

v まで到達したということだ．

いま，スタート地点 s から頂点 v への最短距離を $d(v)$ とする．ひとまず，これがわかっている状態だ．v と u は隣接している．スタート地点 s から頂点 u への最短距離を考えよう．s から u への距離 $d(u)$ はいまはまだ最短距離かどうかはわからない．ここで，$d(u) > d(v) + 1$ であれば，$d(u) = d(v) + 1$ とする操作を考えよう．これを**緩和**（relaxation）と呼ぶ．緩和は，v までの最短距離がわかっているという条件のもとで，s から u までの最短距離を確定する作業だ．こう考えると，アルゴリズムはシンプルだ．まず，すべての頂点にスタートの頂点からの仮の最短距離を割り当てる．そしてこの仮の最短距離を緩和によって順次本当の最短距離にしていけばよい．

残る問題はどのような規則に従って緩和をするかだ．

6.3.2　ダイクストラ法

ここまで扱っているグラフは，辺の重みがすべて 1 の無向グラフだ．辺の重みが負でない場合，**ダイクストラ法**（Dijkstra's algorithm）という方法で最短距離を求めることができる．

ダイクストラ法は，ある頂点 s から到達できる他のすべての頂点への最短距離を計算する．まず s を除く残りの頂点への仮の最短距離を ∞ に初期化する．s 自身への距離は 0 だ．緩和は s から順に行う．アルゴリズムがある頂点 v に到達した時点で，その頂点に割り当てられていた仮の最短距離が，s から v への正式な最短距離になる．ここにダイクストラ法のポイントがある．このアルゴリズムは，次に走査する頂点を，仮の最短距離で決める．この値が小さいものから優先して処理していくのだ．ここで使われるデータ構造が，5 章で紹介したヒープ構造だ．ヒープは常に最小値が先頭に来るデータ構造だった．仮の最短距離を更新するたびに，これをヒープに入れておくだけでよい．こうすることで，次に走査する頂点をヒープから取り出すと，これが現時点で s に最も近い頂点になる．

実装は，コード 6.5 のようになる．

コード6.5　ダイクストラ法

```python
import math
import heapq

def dijkstra(start, W):
    """ スタートの頂点と隣接行列を受け取り,
    到達できるすべての頂点への最短距離を返す.
    """
    # 仮の最短距離を∞に設定
    distance_list = [math.inf] * len(W)
    # スタートの頂点だけ距離を0にする
    distance_list[start] = 0
    # 最短距離が確定した頂点
    done_list = []
    # 次に処理する頂点を決めるためのヒープ
    wait_heap = []
    for i, d in enumerate(distance_list):
        # （スタートからの距離，頂点）というタプルを作る
        heapq.heappush(wait_heap, (d, i))
    # ヒープが空っぽになるまで処理を続ける
    while wait_heap:
        p = heapq.heappop(wait_heap)
        i = p[1]
        if i in done_list:
            continue
        # この時点でスタートからi への距離が確定する
        done_list.append(i)
        # i に隣接するすべての頂点に対する処理
        for j, x in enumerate(W[i]):
            if x == 1 and j not in done_list:
                # 緩和
                d = min(distance_list[j], distance_list[i]+x)
                distance_list[j] = d
                # j への仮の最短距離をd としてヒープに追加
                heapq.heappush(wait_heap, (d, j))
    return distance_list
```

図6.6 のグラフで，10番の頂点をスタート地点として，関数を実行してみよう．

```
dijkstra(10, my_graph)
```

```
[2, inf, 3, 5, 3, 4, 2, 2, 1, inf, 0, 3, 4, 3, 4, 5]
```

この例では，頂点の番号と配列の添え字が一致していることに注意しよう．10 番の頂点からは到達できない 1 番と 9 番の距離は初期化のときの ∞ のままになっている．その他は，最短距離になっていることが確認できるだろう．

▶ 6.3.3　ダイクストラ法の計算量

ダイクストラ法の計算量を見積もっておこう．頂点数を n，辺の数を m とする．このアルゴリズムは，各頂点に到達したときヒープからデータを 1 つ取り出す．また，各辺に関して緩和が行われるので，ヒープに新たなデータが追加される可能性がある．1 回のヒープの操作にかかる計算量は $\mathcal{O}(\log n)$ なので，全体としての見積もりは，$\mathcal{O}((n+m)\log n)$ になる．これはかなり幅のある見積もりだ．辺の数と頂点の数が同じくらいなら，$\mathcal{O}(n\log n)$ といえるが，最も密なグラフを考えると $m = n^2$ となるので，最短距離を求める計算量は $\mathcal{O}(n^2\log n)$ となる．

▶ 6.3.4　すべての頂点間の最短距離

ダイクストラ法はある 1 つの頂点を出発点として最短距離を求めるアルゴリズムだった．出発点が決まっているときはこれでもよいが，すべての頂点間の最短距離がほしいときもあるだろう．まず思いつくのは，ダイクストラ法を各頂点を出発点として n 回実行するという解決策だ．この方法の計算量を見積もってみよう．頂点数を n，辺の数を m とすると，$\mathcal{O}(n(n+m)\log n)$ ということになる．グラフに辺が密にある場合は，計算量が $\mathcal{O}(n^3\log n)$ になってしまうが，これから紹介する **Floyd-Warshall 法** [*10] のアルゴリズムでは，$\mathcal{O}(n^3)$ で，すべての頂点間の最短距離を計算できる．これは辺の数には依存しない．このことから，辺の密度が低いときは，各頂点を出発点としてダイクストラ法を実行するほうが計算が速いといえる．また逆に，グラフの中の辺の密度が高いと，Floyd-Warshall 法のアルゴリズムが計算時間で勝ることになる [*11]．

Floyd-Warshall 法のアルゴリズムは，**動的計画法**（dynamic programming）[*12] と呼ばれる種類の方法だ．名前だけではどんな方法なのかわかりにくいかもしれないが，動的計画法の考え方は非常に重要だ．動的計画法は次章で，まったく別の問題の解法としても登場する．ここでは，グラフのデータ構造を例に動的計画法の考え方に慣れることにしよう．

[*10] フロイド–ワーシャルが一般的な読みかただろう．Warshall–Floyd のように順番が逆になることもある．

[*11] 実際にどれくらいの密度で両者の計算時間が逆転するかは，さまざまな要因による．必要なら計算機で実験してみるとよいだろう．

[*12] 応用数学者の Richard E. Bellman が 1953 年に考案した．単語「**次元の呪い**（curse of dimensionality）」も彼の発案だといわれている．機械学習の視点から，次元の呪い問題について知りたい場合は，参考文献 14 をあたるとよいだろう．

6.3.5 動的計画法

図 6.13 は，頂点 u から v への道と，その途中にある頂点 a と b を示したものだ．いまこれが u から v への最短経路だとしよう．その場合，途中の a から b への道も最短経路になる．もし a と b を結ぶもっと短い道（図中の点線）があるなら，そちらが u から v への最短経路の一部として選ばれているはずだ．このように全体が最適化されていると，ある一部分だけに着目してもその部分が最適化されているという事例は多い．これを**最適性の原理**（principle of optimality）という．グラフの最短経路を求める場合は，この最適性の原理が成り立つ．

これは見方を変えると，最適な全体は局所的に最適化された部分の集合でできていると考えることができる．この性質を利用してアルゴリズムを設計する方法が動的計画法だ．動的計画法は，個別の最適解を次々に求めていき，これらをまとめ上げることで全体としての最適解を得る方法だ．

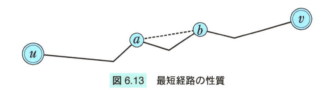

図 6.13　最短経路の性質

6.3.6　Floyd-Warshall 法

グラフの局所に注目して，最短距離を求めるにはどうしたらよいだろうか．わかりやすくなるように，問題を細かく分割し，順を追って考えるのはアルゴリズム設計の常套手段だ．

まず，n^2 個のすべての頂点ペアについて初期状態を設定しよう．ある頂点ペアが隣接している，つまり 1 つの辺で結ばれていたらそれは 2 点間の最短距離になる．隣接していなければ距離を無限大に設定する．自分自身へのループはないと考えよう．この状態で，ある 1 つの頂点 x を考える．隣接してない頂点ペア u と v が，x を介してつながればそれは最短距離になる．この調子で考慮する頂点を 2 つ 3 つと増やしていく．数学的帰納法を考えるときと同じ要領で，途中は気にせず $k-1$ 番目まで来たとしよう．$d^{k-1}(u,v)$ を $k-1$ 番目までの頂点だけを考慮に入れているときの u と v の最短距離だとする．k 番目の頂点を考慮したとき，$d^k(u,v)$ は，次の式で求めることができる．

$$d^k(u,v) = \min\{d^{k-1}(u,v), d^{k-1}(u,k) + d^{k-1}(k,v)\} \tag{6.1}$$

これは k 番目の頂点が考慮すべき対象に加わったときに，そこを通るべきかどうかを判定していることになる．新たに加わった k 番目の頂点を通ったほうが近いなら最短距離を更新する．

実際のアルゴリズムを見ていこう．すべての頂点ペアの最短距離を計算するので，これを格納するデータ構造が必要になる．これは，隣接行列と同じ形の行列でよい．この行列をまず初期化する．対

角成分を 0 に，隣接行列で 1 になっている部分を 1 に，その他の部分を ∞ にする．アルゴリズムの主要な部分は，三重のループになっている．一番外側のループは k で，その内側は u と v のループになり，ここで式 (6.1) の計算をすればよい．コード 6.6 のような実装になるだろう．

◀ **コード 6.6　Floyd-Warshall 法のアルゴリズム** ▶

```python
def all_pairs_shortest_paths(W):
    # 頂点の数
    n = len(W)
    # 結果を格納する行列を用意する
    res = [[0] * n for i in range(n)]
    # 用意した行列を初期化する
    for i in range(n):
        for j in range(i, n):
            if i == j:
                val = 0
            elif W[i][j]:
                val = W[i][j]
            else:
                val = math.inf
            res[i][j] = res[j][i] = val
    # 動的計画法ですべての頂点間の最短距離を求める
    for k in range(n):
        for u in range(n):
            for v in range(n):
                res[u][v] = min(res[u][v], res[u][k] + res[k][v])
    return res
```

　実行してみよう．引数は隣接行列だけを与えればよい．戻って来た正方行列の i 行 j 列が頂点 i から j への最短距離になっている．

```
all_pairs_shortest_paths(my_graph)
```

```
[[0, inf, 1, 4, 1, 2, 2, 2, 1, inf, 2, 3, 3, 2, 3, 4],
 [inf, 0, inf, inf, inf, inf, inf, inf, inf, 1, inf, inf, inf, inf, inf, inf],
 [1, inf, 0, 3, 2, 1, 2, 1, 2, inf, 3, 2, 2, 1, 2, 3],
 [4, inf, 3, 0, 5, 3, 3, 4, 4, inf, 5, 4, 1, 2, 3, 1],
 [1, inf, 2, 5, 0, 3, 3, 3, 2, inf, 3, 4, 4, 3, 4, 5],
 [2, inf, 1, 3, 3, 0, 2, 2, 3, inf, 4, 1, 2, 1, 2, 3],
 [2, inf, 2, 3, 3, 2, 0, 2, 1, inf, 2, 1, 2, 1, 2, 3],
 [2, inf, 1, 4, 3, 2, 2, 0, 1, inf, 2, 1, 3, 2, 3, 4],
 [1, inf, 2, 4, 2, 3, 1, 1, 0, inf, 1, 2, 3, 2, 3, 4],
 [inf, 1, inf, inf, inf, inf, inf, inf, inf, 0, inf, inf, inf, inf, inf, inf],
 [2, inf, 3, 5, 3, 4, 2, 2, 1, inf, 0, 3, 4, 3, 4, 5],
 [3, inf, 2, 4, 4, 1, 1, 1, 2, inf, 3, 0, 3, 2, 3, 4],
 [3, inf, 2, 1, 4, 2, 2, 3, 3, inf, 4, 3, 0, 1, 2, 1],
 [2, inf, 1, 2, 3, 1, 1, 2, 2, inf, 3, 2, 1, 0, 1, 2],
 [3, inf, 2, 3, 4, 2, 2, 3, 3, inf, 4, 3, 2, 1, 0, 3],
 [4, inf, 3, 1, 5, 3, 3, 4, 4, inf, 5, 4, 1, 2, 3, 0]]
```

Floyd-Warshall 法がどのように動くかを想像してみよう. k に関するループの初期の段階では, グラフのいろいろな場所で最短距離の断片が生まれてくる. k のループが進むと, やがてそれらがつながって徐々に大きなグラフになってくる. 最後には, すべての頂点ペアに関して最短距離が計算できるという具合だ.

最後に計算量を確認しておこう. 頂点数を n とすると, 頂点に関する三重のループ構造になっているので $\mathcal{O}(n^3)$ となる.

➤ 第6章 練習問題

6.1 身近なものでグラフ構造として表現できる例を, 頂点と辺に相当するものが何かを明確にして示せ. 有向グラフ, 無向グラフのそれぞれについて少なくとも1つの例を探せ.

6.2 深さ優先探索, 幅優先探索のどちらかについて, グラフの探索途中にできる木を出力するように, コード 6.3 やコード 6.4 を改造せよ. 出力は辺のリストとする.

6.3 Floyd-Warshall 法のアルゴリズムで計算された頂点間の最短距離をもとに, 指定された距離以下の頂点ペアを出力するコードを作成せよ.

6.4 隣接行列を引数に各頂点の次数を出力する関数を作成せよ.

> **参考 6.1** 銀行の ATM でお金をおろしたり, スマートフォンを使ってネットショッピングを楽しむ裏では, たくさんのプログラムが協調して動いている. 現代社会で実際に使われているソフトウェアは, 巨大で複雑な仕組みを持っている. このようなソフトウェアの開発を円滑に進めるためには, 体系的な理論

が必要になる．ソフトウェア工学（software engineering）と呼ばれる分野は，そうした要望に応えるために発展してきた．たとえば，大規模なソフトウェアを開発するとき，要件定義，設計，実装，テストのように作業のフェーズを分けて，それぞれの段階が完了してから次に進むという開発技法がある．これは，ウォーターフォール型開発と呼ばれ，長い間ソフトウェア開発の主流だった．最近はこの4つのフェーズを，何回も繰り返し回しながらソフトウェアを開発する，アジャイル型開発といったあたらしい方法論も実践されている．

　ソフトウェア工学を支える中心的な技術の1つに，統一モデリング言語（Unified Modeling Language, UML）がある．たとえば，ネットショッピングでの操作の流れを想定してみよう．Webブラウザを通じてユーザが商品を選び，カートに入れて，クレジットカードを使って決済をする．こうした一連の流れをまず大まかに捉え，ユーザとショップにどのような役割があるのかをまとめるために，ユースケース図（use case diagram）という記法が考案されている．さらに詳しくユーザの動きやショップ側の反応などを記述するために，シーケンス図（sequence diagram）もある．システム全体の設計ができると個別のプログラムを作ることになる．UMLでは，**アクティビティ図**（activity diagram）を使ってプログラムの動きを図で記述することができる．

　UMLに使われるこれらの記法はすこし複雑なので，ここではアクティビティ図の簡易版とみなすことができる**フローチャート**（flowchart）を紹介しよう．フローチャートは，アルゴリズム研究が始まった1900年代半ばごろにはすでに使われてていたもので，アルゴリズムの動きを次のような図で表現できる．

　これはユークリッドの互除法をフローチャートで表現したものだ．本書ではアルゴリズムを記述するとき，アルゴリズム3.5のように自然言語で表記するか，コード6.3のように実際にPythonプログラムを示すことにしている．特定のプログラミング言語に依存しない擬似コード（アルゴリズム3.2）を使った表現もよく用いられる．その他の方法として，このようにフローチャートを作るというやり方もある．

　フローチャートでは，長方形が何らかの処理，ひし形が条件判定を表現するといったきまりがあり，これはJIS規格にもなっている．JISは日本産業規格（Japanese Industrial Standards）のことで，フローチャートの規格にはJIS X 0121という番号が付けられている．簡単なアルゴリズムをフローチャートで記述できると視覚的にわかりやすい．しかし，アルゴリズムが複雑になるとフローチャートも複雑になるので，擬似コードや実際のプログラムコードの方がわかりやすいことが多い．そのため，最近ではフローチャートを使ったアルゴリズムの記述はほとんど見かけなくなった．ところで，フローチャートのような図で，処理や条件分岐の部分を頂点，流れを示す矢印を辺とみれば，これをグラフと考えることができる．矢印に向きがあるので有向グラフになる．このようにグラフ構造はいたるところに現れる．グラフ構造に関する研究はかなり進んでいて，本書では紹介できなかった高度なアルゴリズム（最小全域木，最大フロー最小カットなど）がたくさんある．アルゴリズムの学習を進める一方で，実際の世界にあふれる多様な現象を，グラフで表現する思考の訓練を積むと将来きっと役に立つだろう．

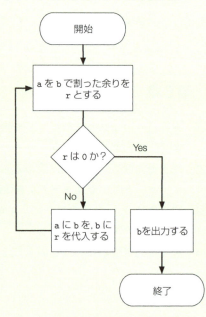

{ 第 **7** 章 }

問題を解くための技術

　本章では，ナップサック問題という有名な数理最適化の問題を 3 通りの方法で解いてみる．プログラミングの力だけでも解にたどり着けるが，アルゴリズムを駆使するとさらなる高みへ登ることができる．

➤ 7.1　プログラミングの威力

　旅行や出張で海外へ出掛けたとき，ついお土産を買いすぎてスーツケースに入らなくなってしまうことがある．航空会社のカウンターで預ける荷物が重量オーバーになると，せっかく買った品物から置いて帰るものを選ばなければならない．こんなときは，重量制限ギリギリまで荷物を詰めたい．何かを置いていくなら，より価値が高い物をもって帰りたいと思うだろう．この問題は，ナップサック[*1]問題という古典的な数理最適化の問題として知られている．

▶ 7.1.1　ナップサック問題

　入れる品物の重さの合計に制限があるナップサックが 1 つある．n 個の品物があって，それぞれの品物には重さと値段がある．重さ，値段ともに正の整数とする．品物には名前（または番号）をつけて区別しよう．これらの品物をナップサックに詰めるとき，重量制限を守りつつ，ナップサックの価値[*2] が最大になる組合せを求めたい．これが**ナップサック問題**（knapsack problem）だ．重さと値段が同じ品物を何個でも入れることができるという定義もあるが，いまはすべての品物の重さと値段が違うものとする．この種類の問題を，0-1 ナップサック問題ということもある．

　適当な例題を用意してみよう．品物を Item というクラスにする．Item クラスは名前，重さ，値段をもつだけの簡単なクラスなので，namedtuple で作る．重さと値段を乱数で決めて 20 個の品物リス

[*1] ナップザックということもある．この単語が聞き慣れない読者は，バックパックを想像しよう．言葉は時代とともに変化するものだ．

[*2] ナップサックの価値は入っている品物の値段の合計とする．

トを作る．名前は 0〜19 の番号にする．コード 7.1 のようなコードを書けば品物のリストができる．

◢ コード 7.1　品物リストを作る ◣

```python
from collections import namedtuple
import random
# 乱数のシードは章の番号
random.seed(7)

# 品物（Item）は簡単なクラスなので namedtuple で作る
Item = namedtuple('Item', ('name', 'weight', 'price'))

# 品物の個数
num = 20

# 品物を保持するリスト
item_list = []
max_weight = 5
# 品物の個数num より大きな数字にする
max_price = 50

# 値段の候補リストを作り，シャッフルする
price_list = list(range(1, max_price+1))
random.shuffle(price_list)

# ランダムに品物を作ってみる．名前は番号
for i in range(num):
    w = random.randint(1, max_weight)
    item = Item(i, w, price_list.pop())
    item_list.append(item)
```

できた品物を見てみよう．namedtuple は少ないコードでオブジェクトの中身まで表示されるので便利だ．

```
item_list
```

```
[Item(name=0, weight=3, price=21),
Item(name=1, weight=1, price=10),
Item(name=2, weight=5, price=26),
Item(name=3, weight=1, price=42),
Item(name=4, weight=5, price=4),
Item(name=5, weight=1, price=5),
Item(name=6, weight=5, price=35),
Item(name=7, weight=2, price=7),
Item(name=8, weight=4, price=24),
Item(name=9, weight=5, price=38),
Item(name=10, weight=4, price=46),
Item(name=11, weight=3, price=33),
Item(name=12, weight=4, price=14),
Item(name=13, weight=5, price=3),
Item(name=14, weight=4, price=6),
Item(name=15, weight=3, price=28),
Item(name=16, weight=3, price=27),
Item(name=17, weight=2, price=45),
Item(name=18, weight=2, price=16),
Item(name=19, weight=2, price=37)]
```

話に現実味をもたせるために，重さの単位をキログラム（kg），値段の単位を万円にしよう．

次にナップサックを表現するクラスを作ろう．こちらは少し複雑なので，通常の Python のクラスにする．Knapsack クラスは品物を追加するための append メソッドと，その品物を追加できるかどうか確認する has_room_for メソッドをもたせる．Knapsack クラスのインスタンスを print 関数の引数に渡したとき，情報が画面に表示されるように__str__メソッドも書いておこう．コード 7.2 に実装例を示す．

◀ コード 7.2　Knapsack クラス ▶

```python
1   class Knapsack:
2
3       def __init__(self, size):
4           # このナップサックが保持できる最大の重さ
5           self.size = size
6           # 現在の重さ
7           self.weight = 0
8           # 入っているものの価値の総和
9           self.value = 0
10          # 保持しているItem の配列
```

```
11          self.items = []
12
13      def append(self, item):
14          """ このナップサックにItem を追加する """
15          if not self.has_room_for(item):
16              raise ValueError('このアイテムは入れられません. 重量オーバーです. ')
17          self.items.append(item)
18          self.weight += item.weight
19          self.value += item.price
20
21      def has_room_for(self, item):
22          """ 引数にとったアイテムを入れる余裕があるかどうかを真偽値で返す """
23          return self.size >= self.weight + item.weight
24
25      def __str__(self):
26          val = '重さ {} kg / 価値  {} 万円'.format(self.weight, self.value)
27          return val
```

▶ 7.1.2　貪欲法

　問題を解くためのよいアルゴリズムが頭に浮かばなければ，すぐに思いつく方法をプログラミングしてみるだけでもさまざまな気付きを得ることができる.

　ナップサック問題の例では，同じ重さならより価値があるものをもって帰りたいと思うのが普通だろう．そこで，こんな方法を考えてみる．値段を重さで割った値で品物を降順に並べ替えてみる．ソートされた配列の先頭に近いほど単位重さあたりの値段が高いことになる．この値が高いものから順に，すべての品物についてナップサックに入るかどうかを試す．このアルゴリズムは，**貪欲法**（greedy algorithm）と総称される方法に分類される．貪欲法は，局所的な条件だけを使って問題を解く方法なので，実装は比較的簡単だ．コード 7.3 のような関数を作ることができる.

◀ コード7.3　貪欲法 ▶

```
1   def greedy(items, size_limit):
2       # 単位重さあたりの値段で品物を並び替える
3       sorted_item_list = sorted(items, key=lambda x: x.price/x.weight, reverse=True)
4       my_knapsack = Knapsack(size_limit)
5       for v in sorted_item_list:
6           # 入る余地があるなら品物を入れる
7           try:
```

```
 8              my_knapsack.append(v)
 9          except ValueError:
10              continue
11      return my_knapsack
```

ナップサックのサイズを $40\,\mathrm{kg}$ としてこの関数を実行してみよう.

```
knap_g = greedy(item_list, 40)
print(knap_g)
```

重さ 39 kg / 価値　407 万円

ナップサックの中身を見てみよう. 値段の高いものから順に詰め込まれているのがわかる.

```
knap_g.items
```

```
[Item(name=3, weight=1, price=42),
Item(name=17, weight=2, price=45),
Item(name=19, weight=2, price=37),
Item(name=10, weight=4, price=46),
Item(name=11, weight=3, price=33),
Item(name=1, weight=1, price=10),
Item(name=15, weight=3, price=28),
Item(name=16, weight=3, price=27),
Item(name=18, weight=2, price=16),
Item(name=9, weight=5, price=38),
Item(name=0, weight=3, price=21),
Item(name=6, weight=5, price=35),
Item(name=8, weight=4, price=24),
Item(name=5, weight=1, price=5)]
```

このように貪欲法を使った計算は簡単だ. 帰りの飛行機の時間が迫る中, これ以上欲張りにならずこの解で妥協するというのも1つの選択肢かもしれない. しかし, 探究心にあふれる読者の頭にはすぐに次の疑問が浮かぶだろう. 貪欲法の結果は最適なのであろうか. コンピュータを使って, これを確かめてみることにしよう.

▶ 7.1.3　全部計算する

品物は全部で20個ある. それぞれ, ナップサックに入れるか入れないかの2択になるので, ナップサックへの品物の詰め方は全部で 2^{20} 種類あることになる. これをすべて調べ尽くそう. 重さの合計

を計算し，ナップサックに入らない組合せは削除する．残った品物の組合せを値段の合計で並べ替え，最も価値のある組合せが最適な解になる．このような方法は「力ずく」という意味で，brute-force[3]アルゴリズムと呼ばれることがある．パスワードを破るために，考えられるすべての組合せを試す方法は brute-force attack（攻撃）などという．

　力ずくですべて計算する方法は，コード 7.4 のように実装できる[4]．

◀ コード 7.4　力ずくの方法 ▶

```python
import itertools

def brute_force(items, size_limit):
    # 答えの候補
    candidate = None
    # 0と1を20個並べるすべてのパターンをこれで作れる
    for pattern in itertools.product((0, 1), repeat=len(items)):
        my_box = []
        for i, val in enumerate(pattern):
            if val: my_box.append(item_list[i])
        w = sum([item.weight for item in my_box])
        # ナップサックの重量制限を守れないならループの次へ
        if w > size_limit: continue
        # 総額を計算しこれまでの最高を上回るなら候補として残す
        value = sum([item.price for item in my_box])
        if candidate is None or value > candidate.value:
            knapsack = Knapsack(size_limit)
            for v in my_box:
                knapsack.append(v)
            candidate = knapsack
    return candidate
```

　実行してみよう．利用しているコンピュータの性能にもよるが，数十秒ほど時間がかかる．

```python
knap_bf = brute_force(item_list, 40)
print(knap_bf)
```

```
重さ 40 kg / 価値　409 万円
```

---

[3] ブルートフォースと読む
[4] 違った品物の組合せでも，同じ合計金額になることはある．いまは，これらのうちから 1 つの解を返すコードになっている．

貪欲法の結果より 1 kg 重く，2 万円価値が高い品物の組合せが得られた．これはすべての可能性を調べ尽くした結果なので，最適な解となりこれ以上を望むことはできない．

7.1.4 組合せ爆発

実際にコードを動かしてみるとわかるように，力ずくで計算するコード 7.4 の実行にはかなり時間がかかる．itertools を使って簡潔にコードは書けているが，ループは $2^{20} = 1,048,576$ 回実行される．これは約 100 万回だ．品物の数を n とすると，計算量は $\mathcal{O}(2^n)$ ということになる．これは実に恐ろしいことだ．品物が 1 つ増えると計算量が 2 倍になる．10 個増えると 1024 倍だ．20 個の時点で 20 秒かかっているとすると，30 個になると 5 時間以上，40 個になると 242 日になる．50 個になると 680 年という見積もりになり，指数関数的に計算量が増えることがどれほど恐ろしいかがわかる．このように，問題の入力サイズ n に対して可能な解の個数が指数関数や階乗（$n!$）など，多項式と比べてはるかに高速に増えていく状態を総称して，**組合せ爆発**（combinatorial explosion）という．

組合せ爆発が起こる問題に対しては，最適解を諦めて最適解のよい近似解を求めるという方向性がある．このようなアルゴリズムを一般に，**近似アルゴリズム**（approximation algorithm）という．本章の最初にみた貪欲法は，ナップサック問題に対する近似解法の 1 つだった．今回の例では簡単に実装でき，計算時間も速い貪欲法が，最適解にかなり近い結果を出していることがわかる．もちろん，常にそうなるとは限らないので，「近似解と最適解の誤差がどれくらいか」といったことは近似アルゴリズム研究の主要課題になる．

それでもやはり最適解を知りたいと思うこともあるだろう．ナップサック問題は，古典的な問題でよく研究されているため，実は動的計画法を使った**擬多項式時間アルゴリズム**（pseudo-polynomial time algorithm）で最適解が得られることが知られている．動的計画法は，6 章で最短距離を計算するときに用いた方法論だ．また，多項式時間アルゴリズムではなく，「擬」がついているところに注意が必要だ．この「擬」は何を意味するのだろうか．次節で詳しく見ていくことにしよう．

➤ 7.2 動的計画法の威力

ナップサック問題の最適解を求めるために，すべての品物の組合せを計算すると大変な時間がかかることがわかった．この計算量を削減するために，さまざまな手法が提案されている．その中から動的計画法を使った方法を紹介しよう．

7.2.1 ナップサック問題への適用

6 章では，動的計画法を使ってグラフのすべての頂点間の最短距離を計算した．そこで使われていた考え方は，最適性の原理と呼ばれるもので，局所的な最適解を積み上げて全体の最適解を得るというものだった．この考え方をナップサック問題に応用してみよう．

グラフの最短距離の場合と同じように，ナップサック問題でも問題の一部分だけを見て，それを最

適化することを考えよう．品物の数を 1 つずつ増やしながら最適解を決めていく方法だ．アルゴリズムの動作をわかりやすくするために，小さな 0-1 ナップサック問題を考えよう．

- 品物 0: 重さ 1　値段 2
- 品物 1: 重さ 1　値段 4
- 品物 2: 重さ 2　値段 10

これら 3 つの品物を容量 3 のナップサックに詰める問題を考える．最適解は品物 1 と 2 を入れる場合でナップサックの価値が 14 になるときだが，これを動的計画法で解いてみよう．

まず，図 7.1 のような表を用意する．表の各セルには，その時点でのナップサックの価値が記入される．行の数は品物の個数+1，列の数はナップサックの容量+1 になっている．行は何番目の品物までを考慮に入れているかを示している．一番上の行は，どの品物も考慮に入れていないという意味なので，0 で初期化する．列はその時点で考える仮想的なナップサックの容量だ．つまり，計算の各段階で仮の小さなナップサックを考える．例えば，容量 1 となっていれば，その列では重さ 1 までしか許容されないナップサックを考えていることになる．

仮想的なナップサックの容量

	容量 0	容量 1	容量 2	容量 3
空っぽ	0	0	0	0
品物 0				
品物 1				
品物 2				

図 7.1　ナップサック問題を段階的に解くための表

品物を順番に評価し，この表を左から埋めていくことでナップサック問題を解く．まずは，品物 0 に注目しよう．この品物が最初の品物なので，仮想的な容量のナップサックに入れることができれば，そのまま入れる．表は図 7.2 のように更新される．容量 1 以上のナップサックにはどれも，品物 0 を

仮想的なナップサックの容量

	容量 0	容量 1	容量 2	容量 3
空っぽ	0	0	0	0
品物 0	0	2	2	2
品物 1				
品物 2				

図 7.2　品物 0 を入れて更新された表

入れることができ，ナップサックの価値は 2 になる．

次は品物 1 だ．品物 1（重さ 1，値段 4）は品物 0（重さ 1，値段 2）と同じ重さだが，品物 0 より価値がある．表は図 7.3 のように更新される．

図 7.3 品物 1 を追加して更新された表

この表は，品物と容量が制限された条件のもとで，最も価値のある状態を保持する表になっている．例えば，図中で背景が灰色になっているセルに注目しよう．ここでは，重さ 1・値段 4 の品物 1 をナップサックに入れるかどうか考える．これまでの最適解は灰色のセルの 1 つ真上にある 2 という価値（図中ピンク色）だが，同じ重さ 1 なら品物 1 のほうが値段が高いので，これに置き換えることになる．その右隣，図中黄緑色になっているセルでは何が起こっているだろうか．ここではナップサックの仮の容量は 2 だ．品物 1 は重さ 1 なので，現在の仮想容量 2 から 1 を引き，1 kg だけ余裕が出る．この余裕を埋めるこれまでの最適解は，品物 0 までを考慮したときの容量 1 の最適解（図中ピンク色）だ．灰色の 4 とピンクの 2 を足すと 6 になる．一方，これまでの最適解は図中黄色のセルで 2 となっている．2 より 6 のほうが大きいので品物 1 はナップサックに入れる．つまり，仮想容量 2 で品物 1 までを考慮したときのナップサックの価値は 6（図中黄緑色）になる．

このやり方で最後まで表を埋めればよい．最終的には，図 7.4 のようになる．

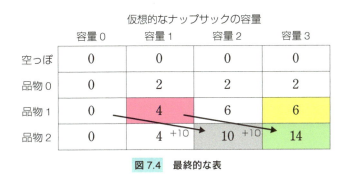

図 7.4 最終的な表

確認のため，図 7.4 の右下のセル（図中黄緑色）を埋める計算手順を考えよう．品物 2 は重さが 2

なので，考慮するセルが図 7.3 とは少し違う．黄緑色のセルを埋めるためには，まずその 1 つ上の行に注目して，品物 2 の重さ分（2）だけ左に戻りその時点での最大価値（図中ピンク色）を調べる．この値に自分自身の値段を足した数と，これまでの最適解（図中黄色）を比較して大きいほうを最適解として残すことになる．

この表だけでは，ナップサックの価値しかわからない．品物を入れたかどうかは，同じサイズの別の表を用意して価値が書き換わったときにそれをメモしておく必要がある．あとからその表をたどって，どの品物を入れたのかを確認する．

▶ 7.2.2 動的計画法による実装例

ナップサック問題の動的計画法を使った解法は少し複雑なので，実装も簡単ではないが，1 つの例としてコード 7.5 のようなプログラムを書くことができるだろう．

◀ コード 7.5　動的計画法を使った解法 ▶

```python
def dp(items, size_limit):
    n = len(items)
    # 価値を記録する表を作成　（行が品物，列が許容サイズ）
    table = [[0]*(size_limit+1) for i in range(n+1)]
    # 価値を更新したかどうかを記録するための表
    flag = [[False]*(size_limit+1) for i in range(n+1)]
    # 表を下に進むループ（考慮に入れる品物）
    for i in range(1, n+1):
        # 入れるかどうか考えている品物
        target = items[i-1]
        w = target.weight
        # 表を右に進むループ（重さの上限）
        for j in range(1, size_limit+1):
            # 1行上の最適解
            yellow = table[i-1][j]
            table[i][j] = yellow
            # いまの許容範囲j を越えるなら論外
            if w > j: continue
            # ちょうどtarget 分の重さが少ないときの最適解
            pink = table[i-1][j-w]
            # この品物を入れたときの価値
            include_this = target.price + pink
            table[i][j] = max(yellow, include_this)
            flag[i][j] = include_this > yellow
    # 後処理：表を右下からさかのぼって入れた品物を調べる
```

```
26        i = n
27        j = size_limit
28        my_knapsack = Knapsack(size_limit)
29        while i > 0 and j > 0:
30            if flag[i][j]:
31                # この価値の更新で追加した品物は，i-1
32                my_knapsack.append(items[i-1])
33                # 表を左へ戻る
34                j -= items[i-1].weight
35            i -= 1
36        return my_knapsack
```

わかりやすいように変数名に色を使った．これは，図 7.4 の色と対応している．後処理となっているところは，できあがった 2 つのテーブルをたどって，どの品物を入れることに決めたかを調べるものだ．

実行してみよう．

```
knap_dp = dp(item_list, 40)
print(knap_dp)
```

重さ 40 kg / 価値　409 万円

得られた解は力ずくの計算結果と同じであり，最適解だとわかる．しかもその実行速度に驚くだろう．力ずくの計算とは比較にならないはずだ．このように，動的計画法はかなり強力な方法で，多くの難問に現実的な解決策を与えてくれる．

▶ 7.2.3　計算時間

動的計画法による解法の計算時間を見積もってみよう．計算の主要な部分は，品物の数を n，ナップサックの容量を m としたときに，$(n+1) \times (m+1)$ の表を更新する計算だ．表の更新にかかる計算は細かいこととして気にしなければ，$\mathcal{O}(nm)$ という見積もりになる．n と m のどちらか大きなほうをとってもその 2 乗で抑えられることになるので，これは多項式時間で実行できるアルゴリズムということになる．しかし，注意しなければならないことがある．m がこれまでのようにデータの数ではなく，単純な数値という点だ．表の列数となる仮想的な容量は，すべての数で必要となる．容量が 200 なら 200 列の表が必要だ．つまり，入力の数値に依存して表が大きくなり，計算に時間がかかることになる．そのため，擬多項式時間という言葉が使われているのだ．一見，多項式時間に見えるが，それはニセの姿であるという意味が込められている．数値が大きくなると計算が難しくなるという問題については，次章で詳しく扱う．

➤ 第7章　練習問題

7.1 コード 7.3 の中で，continue としている部分を，break とすると計算結果がどのように変化する可能性があるか答えよ．

7.2 本章で扱った 0-1 ナップサック問題では，各品物をナップサックに入れるかどうかの選択しかできない．もし，品物の一部をナップサックに詰めることができるとすると，最適解はどのように計算できるだろうか．つまり，ナップサックに 3 kg の余裕があるとき，9 kg で 18 万円の品物を 3 kg 分（6 万円）ナップサックに入れられるという条件になる．各品物に対して，0 か 1 ではなく，0～1 までの小数を割り当てることになる．この条件で最適解を求めるプログラムを作成せよ．

7.3 品物の重さと値段を正の実数とする 0-1 ナップサック問題を考えることもできる．本章で扱った問題では重さも値段も正の整数としていたが，これを実数とすると本章で紹介した動的計画法ではすぐに解けないことがわかる．問題を簡単にするために，重さと値段を正の実数としつつ，両者が必ず同じ数になる 0-1 ナップサック問題を考える．つまり，どの品物も単位重さあたりの価値は同じになる．これに加えて，候補となる n 個の品物すべての重さと値段について次の条件が成立しているとき，この問題をやさしいナップサック問題と呼ぶことにする．

$$w_0 + w_1 + \cdots + w_{i-1} < w_i \quad i = 1, 2, 3, \ldots, n \tag{7.1}$$

　やさしいナップサック問題の最適解を求めるアルゴリズムを考案し，Python のコードとして実装せよ．サンプルデータを生成するコードも作り，実装したアルゴリズムが正しく実行されることも確認せよ．

{ 第 **8** 章 }

問題の難しさ

　アルゴリズムの実行にどれくらいの時間がかかるかは重要な問題だ．ここまでにも，さまざまなアルゴリズムの計算量を見積もってきた．本章ではまず，これらをもう一度まとめて紹介する．その後，多項式時間で解けない問題に焦点をあて，計算量に関する少し高度な理論の一端を見ていくことにしよう．

➤ 8.1 計算にかかるコスト

　1日は誰にとっても24時間なので，何にどれくらいの時間を使うか考えることは重要だろう．同じ目的を達成するために，より効率的な方法があるならそちらを選ぶべきだ．効率を比べるには，定量的な方法が必要だ．ここまで学んできたアルゴリズムを思い出しながら，その計算量についてまとめてみるところから始めよう．

● 8.1.1 計算時間の変化

　自分の本棚にある20冊の本を整理するのは簡単だ．理工書，小説，写真集など気ままに分類すればよい．しかし，図書館や大型書店のような規模で，気ままに本を分類していたら，おそらくいつまで経っても仕事が終わらないだろう．このように，ある方法に必要な手間と入力となる要素の数の間に，どのような関係があるかを考えることは重要だ．アルゴリズムの計算量を考えるとき，要素の数 n に対して，計算時間がどのように変化するかを議論してきた．これは具体的なプログラムの実行時間ではないことに注意しよう．同じクイックソートのアルゴリズムも，Python で実装したものと C 言語で実装したものでは，実行速度はまったく違う．これは，Python がプログラムを実行時に1行ずつ解釈するインタープリタ言語であるのに対し，C 言語はプログラム全体を実行前にコンパイルする言語であるためだ．ただ，要素の数が増えたとき，計算時間がどのように変化するかは実装にはよらない．この点に注意して，計算時間の変化について考えていこう．

a 定数時間

定数時間（constant time）は $\mathcal{O}(1)$ と書かれ，要素の数にはよらずに一定の時間しかかからない計算のことをいう．配列の指定された要素へアクセスするときにかかる時間は，配列の要素数によらない．また，ヒープ構造からの最小値を取り出す操作も同様に要素数にはよらない．

要素数によらず一定の時間しかかからないという記述は，実際にはいろいろなことを理想化している．例えば，一般的なコンピュータのメモリに入りきらないような巨大な配列を考えよう．メモリが 8 GB しかないマシンで，30 GB の配列を扱おうとすると多くの場合エラーになる．エラーにならなくても，OS が仮想記憶の機能を使ってメモリに入りきらないデータを，ハードディスクなどの外部記憶装置へ書き出すことになる [*1]．通常，外部記憶装置の応答速度はメモリと比較してかなり遅いので，実際は配列の一部が外部記憶装置に書き出された時点で，配列へのアクセス時間が急に遅くなるだろう．現実の世界ではこうした問題は計算時間に大きく影響するが，アルゴリズムの計算量に関する議論では考慮しない．

b 対数時間

要素数を n として，$\mathcal{O}(\log n)$ と書かれるものが**対数時間**（logarithmic time）だ．ソートされた配列に目的の値があるかどうかを，二分探索で探すときにかかる時間は対数時間だ．ヒープ構造への新たなデータの挿入も $\mathcal{O}(\log n)$ でできる．図 8.1 は，対数時間と後述する線形時間を比較したものだ．要素数の増加に対して，対数はかなりゆっくりした変化であることがわかる．

二分探索では，1 回の計算ステップで探索の対象になる候補の数が半分ずつになっていったことを思い出そう．これはかなりよい効率だ．対数時間で実行できるアルゴリズムでは，要素数が増加しても現実的な時間で計算が終わる可能性が広がることになる．

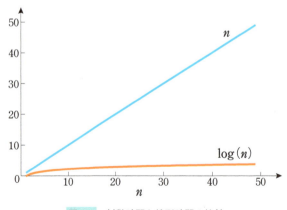

図 8.1 対数時間と線形時間の比較

[*1] これをスワップと呼ぶ．

c 線形時間

要素数の定数倍のステップ数を必要とするのが，$\mathcal{O}(n)$ の**線形時間**（linear time）だ．図 8.1 で見るように，対数時間と比べると要素数に応じて計算時間が増えていく．例えば配列への要素の挿入や，配列からの要素の削除は，要素数に比例して計算量が増加する．Python のリスト型は，内部で C 言語の配列を利用しているため，先頭要素の削除には配列の要素数を n として，$\mathcal{O}(n)$ の計算量が必要となる．

d 線形対数時間

線形対数時間（quasilinear time）は，線形時間と対数時間の掛け算で表現される．$\mathcal{O}(n \log n)$ と表記され，クイックソートやマージソートがこの計算量で実行できる．またこれは，配列のソートにかかる計算量の理論的な下限でもある．図 8.2 に，線形時間と線形対数時間の比較を示す．対数時間と比較するとかなりの勢いで増加してるように見えた線形時間だが，線形対数時間のほうが増加率は大きいことがわかる．

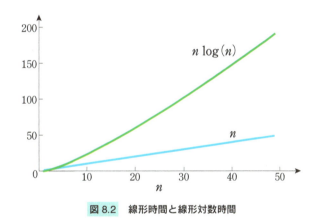

図 8.2　線形時間と線形対数時間

e 多項式時間

ここまでの分類に対して，**多項式時間**（polynomial time）は少し特殊だ．要素数 n の多項式で表現できればよいので，何次までの多項式なのかでだいぶ計算量の見積もりが変わってくる．2 次の多項式と線形対数時間を比較したものが図 8.3 だ．$\mathcal{O}(n^2)$ の計算量で実行されるアルゴリズムとしては，クイックソートにあらかじめソートされた配列を入力として渡した場合を学んだ．これは，クイックソートの性能が最も悪くなる場合の見積もりになる．

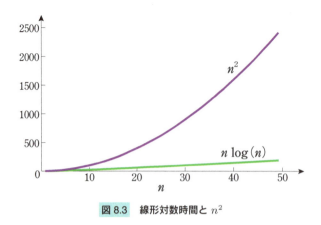

図 8.3 線形対数時間と n^2

多項式なので，要素数 n の 3 乗を考えても構わない．図 8.4 は，図 8.3 に，3 次の項を描き加えたものだ．3 乗の伸びはかなり速いことがわかる．計算量を見積もったときに 3 次の項が出てくるようなときは，実行時間が急激に増える可能性があり注意が必要だ．本書では 6.3.6 節で扱ったグラフの最短経路に関する Floyd-Warshall 法が，$\mathcal{O}(n^3)$ のアルゴリズムだ．

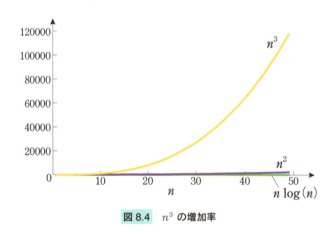

図 8.4 n^3 の増加率

8.1.2 多項式時間を越える例

計算量の増加が n 次の多項式を使っても表現できないことがある．7 章でみたナップサック問題で，すべての可能性を列挙して力ずくで計算しようとすると，品物の数 n に対して $\mathcal{O}(2^n)$ の計算量になった．これがどれほどの増加スピードを見せるかを図 8.5 で確認しておこう．差をわかりやすくするために，y 軸を対数スケールにしている．すでに，7.1.4 節で議論したが，これは n が大きくなると完全に手に負えない計算量の増加スピードだ．現実的な計算時間で問題を解くためには，何か別の方法を考える必要がある．ナップサック問題では，動的計画法によって計算量を抑えることができた．

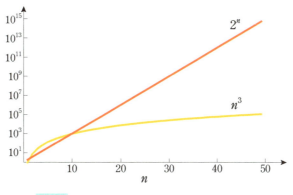

図 8.5 n^3 と 2^n の比較（y 軸は対数スケール）

ナップサック問題のほかに，問題を解くときにかかる時間が n 次の多項式時間を越えてしまう例はあるのだろうか．実はたくさんある．例えば，グラフに関連するものでハミルトン閉路問題という問題がある．

「与えられた連結グラフが，すべての頂点をちょうど 1 回ずつ通る閉路を含むか」という問題は**ハミルトン閉路問題**（Hamiltonian cycle problem）と呼ばれている．すべての頂点を 1 回ずつ通るが，閉路にならず道になる（始点と終点が一致しない）場合は，**ハミルトン路**（Hamiltonian path）という．図 8.6 のオレンジ色の閉路はハミルトン閉路になっている．

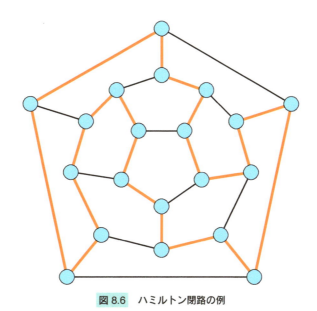

図 8.6 ハミルトン閉路の例

グラフがハミルトン閉路を含むかどうかを，力ずくの計算で確認するアルゴリズムを考えてみよう．

n 個の頂点からなるグラフのすべての可能な閉路の候補は，頂点の順列になり $n!$ 通りある．これは，2^n をはるかにしのぐ増加スピードを見せる．表 8.1 は，n^3，2^n，$n!$ が n に対してどのように変化するかを示したものだ．階乗で計算した数値の圧倒的な増加スピードがよくわかるだろう．

表 8.1 n^3，2^n，$n!$ の比較

n	n^3	2^n	$n!$
1	1	2	1
2	8	4	2
3	27	8	6
4	64	16	24
5	125	32	120
6	216	64	720
7	343	128	5040
8	512	256	40320
9	729	512	362880
10	1000	1024	3628800
11	1331	2048	39916800
12	1728	4096	479001600
13	2197	8192	6227020800
14	2744	16384	87178291200
15	3375	32768	1307674368000
16	4096	65536	20922789888000
17	4913	131072	355687428096000
18	5832	262144	6402373705728000
19	6859	524288	121645100408832000
20	8000	1048576	2432902008176640000
21	9261	2097152	51090942171709440000
22	10648	4194304	1124000727777607680000
23	12167	8388608	25852016738884976640000
24	13824	16777216	620448401733239439360000
25	15625	33554432	15511210043330985984000000
26	17576	67108864	403291461126605635584000000
27	19683	134217728	10888869450418352160768000000
28	21952	268435456	304888344611713860501504000000

　ハミルトン閉路問題をもとに，さらに別の問題を考えてみよう．辺に重みがついているグラフがあるとする．このグラフのある閉路がハミルトン閉路になっているとしよう．この閉路の辺の重みをすべて足し合わせたものを，閉路のコストと考える．**巡回セールスマン問題**（traveling salesman problem）は，ハミルトン閉路の中でコストが最小になるものを探す．ちょうど営業マンが会社を出発して，訪問しなければならないすべての取引先を回って，会社に戻ってくるイメージだ．コストは，電車であ

れば運賃，道路であれば通行料と考えることができる．巡回セールスマン問題は，ハミルトン閉路問題よりもさらに手間がかかる問題だということがわかるだろう．この点に関しては，あとでもう少し詳しく見ていくことにする．

▶ 8.1.3 計算量の単位

1とその数自身しか約数がない数を**素数**（prime number）という．2は唯一の偶数の素数だ．3以上の素数はすべて奇数になる．3のあとは，$5, 7, 11, 13, \ldots$ と続く．4以上の自然数で素数ではない数は，**合成数**（composite number）と呼ばれ，1とその数自身以外の約数をもつ．ちなみに，素数は無数にあることが証明できる．与えられた数が素数かどうかをチェックする関数を考えてみよう．約数を調べていけばいいので，2から順番に割り算をしていけばいい．その数自身の半分までやれば十分だろうか．実は $\sqrt{n}$ まで調べれば十分なことがわかる．この関数を実装してみよう（コード 8.1）．

◀ コード 8.1　素数を判定する関数 [*2] ▶

```
1   def prime_test(n):
2       """ 引数が素数かどうかを判定する """
3       m = int(pow(n, 0.5))
4       for d in range(2, m + 1):
5           if n % d == 0:
6               return False
7       return True
```

この関数は，引数が素数なら True を返し，合成数なら False を返す．

```
prime_test(71)
```

```
True
```

```
prime_test(5489)
```

```
False
```

ちなみに $5489 = 11 \times 499$ だ．この関数の計算量を見積もってみよう．入力を n とすると，最悪の

[*2] この関数は入力の n が大きくなると pow 関数が小数型を返すために，正確に m を求めることができなくなる．これを修正するに，decimal モジュールを利用する方法がある．公開資料にこのコードも載せておくので参考にしてほしい．

場合でも $\sqrt{n}$ 回ほどの割り算で結果がわかることになる．$\sqrt{n} = n^{\frac{1}{2}}$ なので，計算量は $\mathcal{O}(n^{\frac{1}{2}})$ となる．図 8.7 に示すように，n に対する計算量の増加スピードは線形時間よりも遅い．

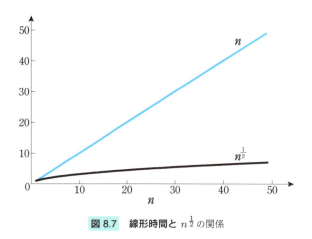

図 8.7 線形時間と $n^{\frac{1}{2}}$ の関係

では，与えられた数が素数かどうかを判定する問題は，簡単な問題なのだろうか．計算量の基準を入力の数値そのもので判断すると，簡単な問題のように見える．しかしこれは大きな勘違いだ．数はいくらでも大きくできる．

```
prime_test(2147483647)
```
```
True
```

桁数が 10 桁くらいならこの方法でもすぐに答えが返ってくる．しかし，次の例はそう簡単に確かめられない．高性能な CPU でも 1 個だけしか使わない場合は数十日はかかる可能性があるので諦めたほうがよいだろう [*3]．

```
# これは諦めたほうがいい
prime_test(2305843009213693951)
```

実はこの 19 桁の数も素数だ．次章以降で素数に関する話題に再度触れるので，計算量に関する議論に戻ろう．なぜ，素数判定の問題を簡単な問題だと勘違いしたのだろうか．答えは計算量を評価するときの入力にある．与えられた数 n が素数かどうか判定する問題は，$\mathcal{O}(n^{\frac{1}{2}})$ という計算量になるが，与えられた数の桁数で考えるとどうだろう．いま入力となる数字の桁数を s としよう．10 進数で考え

[*3] 実行の停止は，Ctrl+C を押す．Jupyter Notebook なら，ツールバーの ■ だ．

れば，だいたい $n = 10^s$ といえる[*4]．計算量の式で考えると $\mathcal{O}(n^{\frac{1}{2}}) = \mathcal{O}(10^{\frac{s}{2}})$ となる．これは s に関する指数関数になっているので，相当速いスピードで計算量が増加する．ナップサック問題を力ずくで計算したときにも見たように，指数関数的に計算量が増加する場合は，すぐに現実的な時間で解けない問題になる．

　この例からもわかるように，問題の難しさは計算量の基準を何にするかで大きく変わってくる．素数判定の問題を考えると，入力の数値をそのまま基準にとると多項式時間で解けるように見えるアルゴリズムを実装できる．しかし，入力の桁数に注目すると同じ実装が指数時間になった．実は，計算量は問題のサイズを基本に考える．つまり，数が入力となる場合はその桁数をもとに計算量を見積もる必要がある．ナップサック問題を動的計画法で解く計算量を思い出そう．品物の個数 n とナップサックの容量 m に対して，m にそのまま依存する $\mathcal{O}(nm)$ という計算量だった．n は問題のサイズと素直に考えられるが，m に関しては素数判定の問題と同じことが起こる．つまり，m の桁数を s とすると m は 10^s 程度となり，計算時間が s に関する指数関数になってしまう．ナップサック問題の動的計画法による解法が，擬多項式時間アルゴリズムと呼ばれているのはこのためだ．

　ちなみに，素数判定の問題については，入力の桁数に関してその多項式時間で実行できるアルゴリズムが知られている[*5]．しかしこれは実際にはかなり計算時間がかかるので，実社会では 9 章で紹介する乱択アルゴリズムが使われることが多い．また，ナップサック問題に関しては，入力に対して真の意味で多項式時間しか必要としないアルゴリズムはいまのところ見つかっていない．

8.1.4　メモリに関するコスト

　ここまでほとんど触れてこなかったが，アルゴリズムを実行するときには必要なメモリに関しても注意が必要になる．再び，7 章で扱ったナップサック問題の動的計画法による解法を考えてみよう．品物の数を n，ナップサックの容量を m とすると，途中の計算で $n \times m$ の表が必要になる（図7.4）．この表のために確保されるメモリは，品物の数やナップサックの容量に応じて増えることに注意が必要だ．このように，アルゴリズムの実行に際してどれくらいのメモリが必要となるかを**空間複雑性**（space complexity）という．一般に計算の複雑性という場合，時間と空間（メモリ）の両方を考える必要がある．

　Python のリストはそのサイズを好きなように変更できる．このため，いま自分がどれくらいのメモリを使っているのかを意識することはあまりない．これに対して，C 言語では配列を用意する際に，そのサイズを指定する必要があり，その後もメモリの管理をプログラマがきちんと実行する必要がある．このような作業をしなくてもよい Python は，C 言語と比較してかなり書きやすい言語だといえる．アルゴリズムがどれくらいのメモリを必要とするかをまったく考える必要がないとはいわないが，最近のコンピュータはメモリを潤沢に搭載するようになっているので，メモリ使用量はあまり気にする必要がなくなったことは確かだ．このため本書ではここまで，空間複雑性に関する議論はしてこな

[*4] コンピュータの中では 2 進数で数を扱うので 2 進数での桁数を考えてもよい．本質的には同じ議論になる．
[*5] AKS 素数判定法と呼ばれるもので，2002 年に発表されている．

かった.

　計算時間の増加スピードのところで見たように，多項式でも n^3 の増加はかなり速い．もし自分が実装したプログラムが，入力サイズの 3 乗以上の増加率でメモリを消費しているなら，大きなサイズの問題に対しては注意が必要だ．場合によっては，別のアルゴリズムを検討する必要があるだろう．

➤ 8.2　難しさの分類

　人生は選択の連続だ．あとから振り返って「あのときにどうしてもっと賢い選択ができなかったのだろうか」と後悔することもあるだろう．これまでの選択に 1 つの間違いもなかったという人がいたら，会ってみたいものだ．そんな理想的な人生を送るのは難しくても，計算理論の世界ならいくらでも空想を膨らませることができる．

◗ 8.2.1　クイックソート再び

　4 章で学んだクイックソートを思い出そう．クイックソートは分割統治法の一種だ．適当な pivot を選んで，入力の配列を分割する．pivot より小さな要素を左側へ集め，pivot より大きな要素を右側に集めて配列を分割する．この作業を繰り返して元の配列をソートするアルゴリズムだった．計算量は $\mathcal{O}(n \log n)$ といえるが，これは入力されるデータと pivot の選び方に依存する．入力配列の末尾や先頭の値を pivot とした場合，もともとソートされている配列が入力になると，計算量は $\mathcal{O}(n^2)$ になる．これは，選ぶ pivot が最大値（または最小値）となり，配列がほとんど分割されずに次のステップへ引き渡されるためだ．

　しかし，興味深いことに pivot をランダムに選ぶように変更すると，もともとソートされた配列でも分割がうまくいくようになり，実行速度が改善した（4.2.7 節）．まず，pivot をランダムに選んでもアルゴリズムがきちんと動き，正しい結果が返ってくるところが特徴的で面白い．この点については，9 章で詳しく扱うことにしよう．もう 1 つの興味深い点は，選択をその都度変えることでアルゴリズムの実行速度が変わるという点だ．クイックソートでは，pivot の選び方に自由度がある．これをランダムに選ぶとした場合，アルゴリズムが実行されるまでどれを選ぶかはわからない．また，その選び方が実行速度に影響する．どの選択がよいのか迷うところだが，CPU が 1 つしかなければ，同時に実行できる計算は 1 つだけなので，通常はどれか 1 つに決める必要がある．ここで少し柔軟な発想を取り入れてみよう．計算の過程で生じる分岐について，すべての選択肢を実行できるコンピュータを考えるのだ．これは突拍子のないアイディアなので，実際のコンピュータと比較しながら，もう少し詳しく説明しよう．

◗ 8.2.2　コンピュータのモデル

　アルゴリズム研究には，実践的な側面と理論的な側面がある．問題の具体的な解法を探し，その計算量を改良するというのが実践的な側面だとすると，ここからの話題は理論的な側面が強いので抽象

的になる．以下の話題は，アルゴリズムを理論的に取り扱う分野がどのようなものなのか，その雰囲気をつかむ程度の理解ができればよい．

プログラムを実行して問題を解く現代のコンピュータは，**チューリング機械**（Turing machine）という数学的なモデルを基盤としている[*6]．本書ではチューリング機械に関して詳しく説明しないが，これは現在使われているコンピュータだと思って差し支えない．つまり，プログラムを実行し，分岐がある場合はどれか1つの道筋を選んで計算を続ける機械のことだ．

多項式時間で解けるアルゴリズムをもたない問題を，**難しい問題**（intractable problem）と定義しよう．ここでいう問題の難しさとは，計算の途中で出現する分岐の数の多さにほかならない．調べなければならない道筋が多くあるので，1つ1つ実行していると時間がかかることになる．ここでの議論は理論的なモデルを考えているので，チューリング機械を拡張したコンピュータのモデルを考えてみよう．計算の途中にある分岐で，すべての道筋を実行できるコンピュータを考える．これはつまり，分岐でどれを選ぶか決める必要がないということだ．このコンピュータを，**非決定性チューリング機械**（nondeterministic Turing machine）という．これに対して，通常のコンピュータのモデルになっているチューリング機械を，**決定性チューリング機械**（deterministic Turing machine）ということもある．非決定性チューリング機械は，あくまで理論的なモデルなので現在の技術では実際には作ることはできない．例えるなら，非決定性チューリング機械を使った計算は，ある人物が人生の分岐点ですべての可能性を生きることができるようなものだ．すべての可能性のある人生が同時に進むが，それぞれの人生は干渉しない．

非決定性チューリング機械というモデルを導入すると，多項式時間で解けないと考えられている問題を，多項式時間で解くアルゴリズムを設計できる．ナップサック問題やハミルトン閉路問題は，現在のコンピュータを使っていては多項式時間では解けないと考えられている問題だ．この空想上のコンピュータモデルを使えば，難しい問題が多項式時間で解けるようになるわけだが，これがいったい何の役に立つのだろうか．

▶ 8.2.3 PとNP

配列のソートやグラフの最短距離を求める問題は，普通のコンピュータを使って多項式時間で解くことができる．このような問題を**多項式**（Polynomial）の頭文字をとって，**クラスP**または単純に**P**と呼ぶ．これに対して，普通のコンピュータでは多項式時間で解けないが，非決定性チューリング機械を使えば多項式時間で解ける問題を，**クラスNP**または単に**NP**と呼ぶ．NPはNondeterministic Polynomialの略だ．

問題がクラスNPに属するためには，**判定問題**（decision problem）である必要がある．判定問題（または決定問題）とは，計算の結果がyesかnoで返ってくる問題だ．ここまで紹介した中では，素数判定の問題やハミルトン閉路問題が判定問題になる．素数判定の問題は，与えられた数が素数かどうかを判定する．また，ハミルトン閉路問題は，「与えられたグラフがハミルトン閉路（すべての頂点

[*6] チューリング機械に関しては，参考文献12に詳しい．また，参考文献3のようなコンピュータ科学の入門書にも簡単な導入がある．チューリングは20世紀の中頃に活躍した研究者で，コンピュータ科学から生物学まで多大な業績を残した人物だ．

を 1 回ずつ通り出発点に戻る道）を含むか」という問いに yes か no で答える問題だ．一方，7 章で扱ったナップサック問題はそのままではクラス NP ではない．ナップサック問題は，価値を最大化する品物の組合せを求める問題だった．このような問題は最適化問題と呼ばれる．問題を少し変形してみよう．「重量制限があるナップサックに入れる品物の組合せで，価値がある定数 c を超える組合せがあるか」という問題を考える．これは，yes か no で答えられるので判定問題になる．またこの問題はクラス NP に属することが知られている．

大きく見れば，P は NP の一部だ（図 8.8）．一般的なコンピュータで多項式時間で解ける問題を，さらに強力な非決定性チューリング機械で解いて，計算時間が余計にかかることはないだろう．

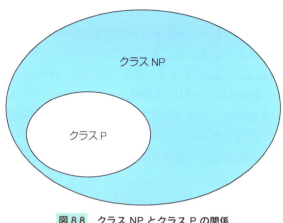

図 8.8 クラス NP とクラス P の関係

▶ 8.2.4 クラス NP

非決定性チューリング機械はあくまでも理論的なモデルなので，少しわかりにくいかもしれない．ここでは，もう 1 つ別の見方からクラス NP を説明しよう．ハミルトン閉路問題を例にとる．あるグラフがハミルトン閉路をもつかどうかに yes または no で答える問題が，ハミルトン閉路問題だった．この問題を解くのは難しいが，解の候補としてある道が 1 つ与えられたとき，それがハミルトン閉路になっているかどうかは，多項式時間のアルゴリズムで確認できる[*7]．この視点から，クラス NP を定義することもできる．つまり，解を見つけるのは難しいが，確認することは簡単な問題のクラスということになる．

解の候補を多項式時間で確認できない問題もある．「与えられたグラフがハミルトン閉路をもたない」という問いに答える判定問題を考えると，誰かが計算の結果「もたない」と結論づけたとしても，その真偽を簡単に検証することはできない．グラフの頂点数を n とすれば，単純に考えると $n!$ 種類の道について計算で確認する必要がありそうだ[*8]．

[*7] これを**多項式検証可能性**（polynomial verifiability）という．
[*8] ハミルトン閉路問題には，n の指数時間で実行できるアルゴリズムが知られている．これは動的計画法を使ったものだ．

8.2.5 3SAT

クラス NP に属する有名な問題を紹介しよう．**3SAT**（3-satisfiability）という問題だ．かなり抽象的な問題なので，例を紹介しながら説明しよう．

True または False を保持する変数がいくつかあるとする．例えば 4 つの変数を考えよう．x_0, x_1, x_2, x_3 とする．また，それぞれの変数の否定も考える．$\neg x_0$ のように書くことが多い．これらをリテラルと呼ぶことにする．リテラルをいくつか並べて論理和（OR, $\lor$）でつなげたものを考えよう．これを**節**（clause）という．例えば，次のように 3 つのリテラルからなる節が考えられる．

$$x_0 \lor x_1 \lor \neg x_2 \tag{8.1}$$

式 (8.1) を True にする変数の値の組を考えてみよう．例えば，[True, True, False] や [True, False, True] などがある．さらに節をいくつか並べて論理積（AND, $\land$）でつなげよう．例えば，次のようになる．

$$(x_0 \lor x_1 \lor \neg x_2) \land (\neg x_1 \lor x_3) \tag{8.2}$$

式 (8.2) を満たす，つまり全体が True になる変数の組合せが存在するかという判定問題が，3SAT と呼ばれる問題だ．日本語では**充足可能性問題**（satisfiability problem, SAT）ともいう．3SAT の 3 は各節に含まれるリテラルの数が高々 3 つであることを示している．この数字を k として一般化すれば，kSAT 問題を考えることができる．

各変数に True や False を割り当てて計算すれば全体が True になるかどうか確かめることはできる．問題への理解を深めるために，これを実装してみよう．kSAT クラスを作り，乱数を使って問題を生成するクラスメソッドを追加する．kSAT の k と変数の数，節の数を指定できるようにしよう．また，test というメソッドを用意して，変数ごとに True または False が並んだリストを引数にして，式全体の真偽値を計算できるようにする．また，print 関数の引数にしたとき，問題全体がわかりやすく表示されるように`__str__`メソッドも追加しておこう．コード 8.2 に実装例を示す．

◀ コード 8.2　*k*SAT の実装 ▶

```python
import random
random.seed(8)

class kSAT:

    @classmethod
    def generate(cls, k, var_num, clause_num):
        """ 変数の数（var_num）と節の数（clause_num）をとり kSAT 問題を作る """
        ksat = cls()
```

```python
            var_list = list(range(var_num))
            # 問題の本体を格納するための変数
            res = []
            while len(res) < clause_num:
                clause = []
                # 高々k個の変数が含まれる
                clause_size = random.randint(1, k)
                for i in random.sample(var_list, clause_size):
                    # 1ならnotで変数を否定する
                    prefix = random.choice((0, 1))
                    clause.append((prefix, i))
                # 同一の節を判定できるよう変数の添え字でソート
                clause.sort(key=lambda x: x[1])
                if clause not in res: res.append(clause)
            # kSATのインスタンスに格納
            ksat.body = res
            return ksat

    def test(self, var_list):
        """ 受け取ったvar_listのTrue, Falseを使って論理式を評価する """
        res = []
        for clause in self.body:
            clause_data = [not var_list[i] if p else var_list[i] for p, i in clause]
            # 各節はどれか1つでもTrueならTrue
            res.append(any(clause_data))
        # 全体は, すべてがTrueならTrue
        return all(res)

    def __str__(self):
        res = []
        for clause in self.body:
            clause_str = [f'¬x{i}' if p else f'x{i}' for p, i in clause]
            res.append('(' + '∨'.join(clause_str) + ')')
        return '∧'.join(res)
```

3SATで4変数をもち3つの節からなる問題を作ってみよう.

```python
ksat = kSAT.generate(3, 4, 3)
print(ksat)
```

```
(¬x2) ∧ (x1) ∧ (¬x0 ∨ ¬x1 ∨ ¬x3)
```

簡単な問題なので，少し考えれば手計算でも答えがわかるだろう．

この問題は，4つの変数が使われているので，True と False からなる長さ4のリストをランダムに作り，答えを探すコードを書いてみる．見つかったらループを終了しよう．

```python
while True:
    cand = random.choices([True, False], k=4)
    if ksat.test(cand):
        print(cand)
        break
```

```
[False, True, False, True]
```

全体が True になる変数の組合せが見つかった．つまりこの 3SAT 問題の答えは yes だ．この実装では，while True でループを作っているので，もし答えが no だとプログラムからの返答はない[9]．

変数が n 個ある 3SAT 問題では，すべてのリテラル表現は 2^n 種類あるので，指数関数的に計算量が増大する．3SAT はクラス NP に属することがわかっている．それだけではなく，あとで説明する NP 完全というクラスに属するかなり難しい問題だ．

8.2.6 NP 完全と NP 困難

3SAT はクラス NP に属する難問だ．このほかにクラス NP に属する問題として，ハミルトン閉路問題を紹介した．クラス NP は非決定性チューリング機械を使って多項式時間で解ける問題だ．これらの問題は本当に，普通のコンピュータを使って多項式時間で解くことができないのだろうか．実はこの問題はいまだに決着がついていない．**P=NP 問題**（または **P ≠ NP 問題**）と呼ばれていて，コンピュータ科学における 20 世紀最大の問題といわれていたが 21 世紀まで持ち越してしまった．多くの研究者は P ≠ NP だと考えているようだ．ただ，この問題を本当に理解するには，本書で詳しく説明しなかった非決定性チューリング機械とクラス NP の定義について深く知る必要がある．これは本書の範囲を大きく超えるので，以下では知っておくべき概念を簡単に整理して本章を締めくくることにする．

あるクラス NP の問題 X を，多項式時間しかかからない手間で問題 Y に変形できるとしよう．このとき，X は Y に**多項式時間還元可能**（polynomial time reducible）[10]であるという．研究が進むにつれて，クラス NP に属するあらゆる問題の変換先になり得るような問題があることがわかってきた．これはかなり難しい問題なので，**NP 困難**（NP hard）と呼ばれている．ナップサック問題は NP 困難だ．ただ，前章で扱ったナップサック問題は判定問題ではなかった．つまり厳密にいうとクラス NP ではない．そこでクラス NP に属する問題だけに話を限定することにしよう．NP 困難でかつク

---

[9] test メソッドの実装からもわかるように，3SAT 問題では解の候補がある場合，その真偽を確かめることは多項式時間でできる．

[10] 単に，還元可能（reducible）ということもある．

ラス NP に属する問題を **NP 完全** （NP complete）という．判定問題である 3SAT やハミルトン閉路問題は NP 完全問題であることが知られている．

　研究が進んだいまでは，多くの NP 完全や NP 困難な問題が知られている．実際の仕事や研究で難問に遭遇したとき，それらがこうしたクラスに属しているかどうかを確認[*11]することは重要だ．扱っている問題が NP 完全や NP 困難な問題であれば，そう簡単には解けないことがわかるので，近似的な解を採用するなど，別の手段を考える必要が出てくる．

　一方で，問題が難しいことが保障されていると，それが役に立つこともある．例えば，難問を応用した暗号は現代社会の基盤の 1 つだ．これは次章で詳しく見ていくことにしよう．

参考8.1 最近はほとんどの計算をコンピュータで行う．学校での訓練など特別な場合を除いて，計算を紙と鉛筆ですることは珍しくなった．ところで，計算するとはどのようなことなのだろうか．この哲学的とも思える疑問に確固たるモデルを与えたのが，チャーチ（Church）やチューリング（Turing）といった人物だ．とくに，チューリングはチューリング機械（Turing machine）という計算機のモデルを提唱し，今日のアルゴリズム研究の 礎 を築いた．計算機に関する研究はいまも進歩しており，量子計算のための量子チューリング機械（quantum Turing machine）なども考えられている．

　このように後世に多大な影響力を残したチューリングだが，彼は同性愛者だったことが知られている． 1950 年代当時の英国では同性愛は違法であったため，彼は逮捕され，ホルモン剤の注射などによる治療を強制されたようだ．1954 年に 41 才の若さで世を去ったチューリングだが，自殺を疑わせるベッドの横に囓りかけのリンゴが落ちていたといわれており，これが現在のアップル社のシンボルマークになっているという都市伝説まである．チューリングの死因については諸説あるものの，性的マイノリティーに対して寛容な社会であれば彼は若くして死なずに済んだかもしれない．もし彼がもっと長く生きていれば，計算に関する理論がさらに進歩していた可能性もあると思うと，寛容で差別のない社会がいかに重要であるかがわかるだろう．

➤ 第8章　練習問題

8.1 乱数として正の整数を 1 つ返す関数を作りたい．この関数は，1 以上の整数を引数にとり，ちょうどこの桁数になる乱数を返す．このような関数を実装せよ．これを使って，8 桁の素数を 1 つ見つけよ．

8.2 1～8 桁の正の整数を乱数として生成し，その数と同じ長さのリストを 1 つ作る．このとき，要素は 0～1 までの小数をランダムに生成したものとする．リストの生成にかかる時間を画面に表示するプログラムを実装せよ．

8.3 問題 8.2 で作ったリストがどれくらいのメモリ領域を保持しているかを確認せよ．`sys.getsizeof` という関数が利用できる．

[*11] Web 上には，既知の NP 完全や NP 困難の問題をまとめたページがいくつもある．

第 9 章

乱択アルゴリズムと数論

アルゴリズムの実行の一部にランダムな挙動を含むものを乱択アルゴリズムと呼ぶ．まずはこの計算方法を詳しく見ていくことにしよう．普通に計算すると大変時間のかかる素数判定の問題に，乱択アルゴリズムは効率的な解法をもたらす．これは数の性質を扱う数学の一分野である数論と密接に関連しているので，その基礎から解説していくことにする．

➤ 9.1 アルゴリズムと乱数

いくつかの選択から正解を選ぶテストにおいて，受験者が正しい思考の末に正解を導いたのか，運を天に任せて回答したかは区別がつかない．ある 1 問に関しては正解すれば同じ点数が与えられる．ただ，たくさんの問題があれば，正しい思考ができる者とそうではない者を区別することができるだろう．まったく実力がないのに正解を続けることはほとんど不可能だからだ．この考え方が，アルゴリズムの設計に応用できることを見ていくことにしよう．

◉ 9.1.1 クイックソートみたび

8 章では，クラス NP の説明でクイックソートを引き合いに出した．実は，クイックソートは**乱択アルゴリズム**（randomized algorithm）の一種だ．このアルゴリズムは入力配列を 2 つに分ける基点となる pivot の選び方に自由度がある．pivot をランダムに選んでも配列がきちんとソートされる様子はすでに見てきた．このように，アルゴリズムの途中で乱数を使い，その後の振る舞いを変える計算方法が乱択アルゴリズムだ[1]．クイックソートは pivot の選択を入力配列の先頭や末尾などに決めておくこともできる．しかしこのやり方では，すでにソートされた配列を入力として受け取ったときに余計な計算時間がかかってしまった．pivot の選択に乱択を導入すると，こうした場合の性能向上につながることはすでに見てきた．クイックソートはアルゴリズムに乱択を導入しても，常に正しく

---

[1] 「乱択（らんたく）」という単語は，randomized algorithm の訳語として近年使われるようになってきた造語だ．「乱数を使って選択する」という意味が込められているものと思われる．

ソートされた配列を結果として出力してくれる．簡単に予想できるかもしれないが，アルゴリズムがランダムな振る舞いを含むと，結果が間違ったものになる可能性はある．まずはこれらの違いから整理していこう．

9.1.2 乱択アルゴリズムの種類

乱数を使ったアルゴリズムには大きく分けて次の 2 種類がある．

【時々間違える】 モンテカルロアルゴリズム（Monte Carlo algorithm）は結果が常に正しいとは限らない乱択アルゴリズム．

【いつも正しい】 ラスベガスアルゴリズム（Las Vegas algorithm）は乱数を使って計算をしても最終的な結果が正しいアルゴリズム．

どちらも，賭場（カジノ）で世界的に有名な都市の名前に由来する．モンテカルロアルゴリズムは間違った結果を返す可能性があるが，この誤り率を十分小さくできれば実際に活用できるアルゴリズムとなる．一方，pivot の選択に乱数を使うクイックソートのアルゴリズムは，常に正しい結果が得られるのでラスベガスアルゴリズムに分類される．

乱数を使った計算手法を総称して，モンテカルロ法ということがある．これは，1940 年代に生まれた言葉で，乱数と賭け事のイメージが近かったために用いられるようになったようだ．例えば，円周率 π を，乱数を使ったモンテカルロシミュレーションで計算する方法がある．完全に正しい数値は得られないが，計算回数を増やせば出力が π に近づく様子を確認できる．

以降では，モンテカルロアルゴリズムの誤り率を理論的に見積もり，実用に耐えるアルゴリズムを設計できることを素数判定の問題を例に説明する．まずは，簡単な例から見ていくことにしよう．

9.1.3 面接試験

あなたはある大手企業に勤めている優秀な面接官だ．あなたは，質問に対して入社希望者が返す回答が優れているか凡庸であるかを間違いなく判定できる．話を簡単にするために，あなたの会社に面接に来る入社希望者は「将来有望な人材」と「普通の人材」の 2 種類だとしよう．将来有望な人材は，どんな質問にも必ず優れた回答をしてくれる．普通の人材は，優れた回答と凡庸な回答が一定の割合で混ざる（図 9.1）．できるだけ，普通の人材ではなく将来有望な人材を採用したい．あなたは何回の

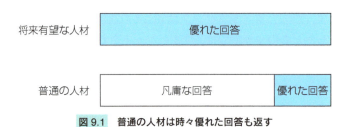

図 9.1　普通の人材は時々優れた回答も返す

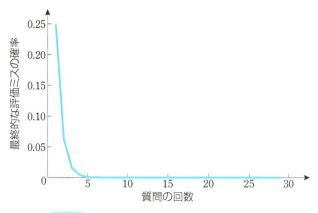

図 9.2 質問の回数と最終的な評価ミスの可能性

質問をすればよいのだろうか．

　目の前に将来有望な人材が来た場合は，何回質問しても優れた回答が返ってくるので，この人物に対する評価はどんどん確信に近くなっていくだろう．面接相手が普通の人材だった場合，その人物が優れた回答をする確率が $\frac{1}{4}$ だとしよう．何回質問したら安心できるだろうか．n 回質問して，普通の人材が優れた回答を n 回連発する確率は $\left(\frac{1}{4}\right)^n$ になる[*2]．図 9.2 は，横軸に質問の回数を，縦軸に最終的な評価ミスの確率をとったグラフだ．

　1 回の質問では 25% も間違える可能性があったのに，質問の数が増えると急激に評価ミスの確率が小さくなる．$n = 10$ のときは，9.5×10^{-7} となり，これは約 100 万分の 1 だ．普通の人材が時々優れた回答をするとしても，10 回も連発できる可能性は万に一つもないことがわかる．

　この例で，目の前の人材の評価に確信がもてたのは，普通の人材が優れた回答を返す確率を $\frac{1}{4}$ と決められたからだ．もちろん，実際の面接ではこれはあり得ないことだろう．しかし，アルゴリズムを設計する場合は，数学を利用するとこのような状況を理論的に作り出すことができる．このことを理解するために，少しだけ数を扱う数学，数論の話をすることにしよう．

➤ 9.2　数論入門

　3 章でユークリッドの互除法を紹介した．2 つの数の最大公約数を効率的に求めるアルゴリズムだ．これは，数の性質を探究する数論の古典的成果でもある．数論は数学の一分野だ．ユークリッドの互除法が，アルゴリズムの威力を知るよい例だったように，数論とアルゴリズムは相性がいい．このことを，数論に入門しながら見ていくことにしよう．

[*2] ここでは，それぞれの回答が独立事象であることを仮定している．

9.2.1 合同式

　数の絶対値に注目すると，いくらでも大きな数を考えることができる．ここではひとまず整数に話を限定しよう．いくらでも大きくなる数を，何らかの方法で分類して取り扱う方法を考えたい．

　割り算の余りに注目して数の性質を研究するのはよいアイディアだ．例えば，どんなに絶対値が大きな整数も 3 で割ったときの余りは 0,1,2 の 3 種類しかあり得ない．a と b という 2 つの数があって，ある数 m で割った余りが等しいとき，次のような式で表現する．

$$a \equiv b \pmod{m} \tag{9.1}$$

　式 (9.1) を**合同式**（congruences）と呼ぶ．a と b は m を法として等しい，または m を法として合同であると読む．このとき，a を m で割った余りと，b を m で割った余りは等しいので，$a - b$ は m で割り切れる．

　いくつか合同式の例を示そう．

$$15 \equiv 3 \pmod{12} \tag{9.2}$$

$$7 \equiv -1 \pmod{8} \tag{9.3}$$

$$22 \equiv 0 \pmod{11} \tag{9.4}$$

　式 (9.1) に加えて $c \equiv d \pmod{m}$ も成り立つとき，次のことがいえる．

$$a + c \equiv b + d \pmod{m} \tag{9.5}$$

$$a - c \equiv b - d \pmod{m} \tag{9.6}$$

$$ac \equiv bd \pmod{m} \tag{9.7}$$

　つまり，合同式に関しては足し算，引き算，掛け算が m を法として整数同士の演算と同じようにできる．また，任意の自然数 n について $k \equiv k \pmod{n}$ だといえるので，式 (9.1) の両辺を定数倍することはいつでも可能だ．

$$ka \equiv kb \pmod{m} \tag{9.8}$$

　ただし，割り算は整数同士の演算と同じように考えることはできないので注意が必要だ．

$$ca \equiv cb \pmod{m} \tag{9.9}$$

　式 (9.9) において，両辺から c を取り除いて式 (9.1) とすることができるとは限らない．これが常に成り立つのは，c と m の最大公約数が 1（互いに素）のときだけである．

9.2.2 フェルマーの小定理

合同式を持ち出すと何かよいことがあるのだろうか．1 つの例を示すために，素数を法とする合同式について考えてみることにする．a を 0 から 9 まで 1 つずつ増やし，最小の奇素数 3[*3] で割った余りを列挙する簡単なコードを書いてみよう．

```python
print('a\ta%3')
for a in range(10):
    print('{}\t{}'.format(a, a % 3))
```

```
a a%3
0 0
1 1
2 2
3 0
4 1
5 2
6 0
7 1
8 2
9 0
```

余りは順番に繰り返すので，以降は a を $0 \sim m-1$ まで変化させることにしよう．さらに，a^2 や a^3 といった冪を計算しこれらを m で割った余りも考える．同じく列挙してみよう．

```python
m = 3
# 3文字分のスペースを用意して右に詰めるテンプレートを用意
tmpl = '{:>3}' * 5
print(tmpl.format('a', 1, 2, 3, 4))
for a in range(m):
    print(tmpl.format(a, a % m, a**2 % m, a**3 % m, a**4 % m))
```

```
a  1  2  3  4
0  0  0  0  0
1  1  1  1  1
2  2  1  2  1
```

表示を揃えるために文字列の `format` メソッドを利用している．a から始まる最初の行の 2 列目以降は a^n を意味していて，n の値だけが表示されている．m を 5, 7, 11 と増やしてみよう．何度も実

[*3] 無数にあることがわかっている素数のうち偶数は 2 だけだ．3 以上の素数はすべて奇数なので，これを奇素数と呼ぶ．

行することは関数にするのがプログラミングの基本だ.

```python
def make_table(m):
    tmpl = '{:>5}' * (m+2)
    header = ['a']
    for i in range(1, m+2):
        header.append(i)
    print(tmpl.format(*header))
    for a in range(m):
        vals = [a]
        for i in range(1, m+2):
            vals.append(a**i % m)
        print(tmpl.format(*vals))

make_table(5)
```

a	1	2	3	4	5	6
0	0	0	0	0	0	0
1	1	1	1	1	1	1
2	2	4	3	1	2	4
3	3	4	2	1	3	4
4	4	1	4	1	4	1

```python
make_table(7)
```

a	1	2	3	4	5	6	7	8
0	0	0	0	0	0	0	0	0
1	1	1	1	1	1	1	1	1
2	2	4	1	2	4	1	2	4
3	3	2	6	4	5	1	3	2
4	4	2	1	4	2	1	4	2
5	5	4	6	2	3	1	5	4
6	6	1	6	1	6	1	6	1

```python
make_table(11)
```

a	1	2	3	4	5	6	7	8	9	10	11	12
0	0	0	0	0	0	0	0	0	0	0	0	0
1	1	1	1	1	1	1	1	1	1	1	1	1
2	2	4	8	5	10	9	7	3	6	1	2	4
3	3	9	5	4	1	3	9	5	4	1	3	9
4	4	5	9	3	1	4	5	9	3	1	4	5
5	5	3	4	9	1	5	3	4	9	1	5	3
6	6	3	7	9	10	5	8	4	2	1	6	3
7	7	5	2	3	10	4	6	9	8	1	7	5
8	8	9	6	4	10	3	2	5	7	1	8	9
9	9	4	3	5	1	9	4	3	5	1	9	4
10	10	1	10	1	10	1	10	1	10	1	10	1

何か気がつくことはないだろうか。まず、表を横に見ると $a = 0$ のときは、$n > 0$ なのでどんな数で割っても余りは 0 になる。同じく、$a = 1$ のときは、1 を何乗しても 1 であり、これは 1 より大きな数で割れば 1 余る。表を縦に見ると、特徴的な列があることに気がつくかもしれない。$m = 3$ のときは 2 乗の列、$m = 5$ のときは 4 乗の列、$m = 7$ のときは 6 乗の列で $a \neq 0$ のときは余りがすべて 1 になっている。$m = 11$ のときは 10 乗の列だ。このことから、次の式が成立するのではないかと予想される。

$$a^{p-1} \equiv 1 \pmod{p} \tag{9.10}$$

法とする数が素数であることを強調するために p とした。p が素数で a が p で割り切れないとき、式 (9.10) は常に正しい。これを、**フェルマーの（小）定理**（Fermat's (little) theorem）と呼ぶ[*4]。

フェルマーの小定理を証明してみよう。少しややこしいので、式 (9.15) あたりまで読み飛ばしても構わない。

二項定理と呼ばれる、式 (9.11) が成立することが知られている。

$$(x + y)^p = \sum_{k=0}^{p} \binom{p}{k} x^{p-k} y^k \tag{9.11}$$

それぞれの項の係数として出てくる数は、p 個の中から k 個のものをとってくる組合せとして知られており、二項係数と呼ばれる。

$$\binom{p}{k} = \frac{p(p-1)(p-2)\cdots(p-k+1)}{k!} \tag{9.12}$$

$k = 0$ のときは $k! = 1$ と定められており、二項係数の値は 1 になる。

ここでは、p が素数の場合を考える。$1 \leq k \leq p-1$ とすると、$k!$ と p に共通の約数はないので、

[*4] 3 以上の自然数 n に対して、$x^n + y^n = z^n$ を満たす自然数の組は存在しないという有名な定理がフェルマーの最終定理と呼ばれるため、これと区別するために小がついている。英語の文献などを見ると、単にフェルマーの定理といった場合は、式 (9.10) を指すことが多いようだ。本書では以後、フェルマーの小定理と呼ぶ。

式 (9.12) 右辺の分母は p で割り切れない．分子は p の倍数になっていることがわかるので p で割り切れる．

$2^p = (1+1)^p$ とできるので，これを二項定理を使って展開することを考えよう．次のような計算ができる．

$$
\begin{aligned}
2^p = (1+1)^p &= \sum_{k=0}^{p} \binom{p}{k} 1^{p-k} 1^k \\
&= 1 + \binom{p}{1} + \binom{p}{2} + \cdots + \binom{p}{p-1} + 1 \\
&\equiv 1 + 1 = 2 \pmod{p}
\end{aligned}
\tag{9.13}
$$

同様に $3^p = (2+1)^p$ を展開してみよう．

$$
\begin{aligned}
3^p = (2+1)^p &= 2^p + \binom{p}{1} 2^{p-1} + \binom{p}{2} 2^{p-2} + \cdots + \binom{p}{p-1} 2 + 1 \\
&\equiv 2^p + 1 \equiv 2 + 1 = 3 \pmod{p}
\end{aligned}
\tag{9.14}
$$

$2^p + 1 \equiv 2 + 1 = 3 \pmod{p}$ のところは，式 (9.13) の結果を使った．これを繰り返していけば，結局次の式が成り立つことがわかる [*5]．

$$
a^p \equiv a \pmod{p}
\tag{9.15}
$$

式 (9.15) の両辺から a を引いて左辺で a をくくり出すと式 (9.16) のようになる．

$$
a(a^{p-1} - 1) \equiv 0 \pmod{p}
\tag{9.16}
$$

これは $a(a^{p-1} - 1)$ が p で割り切れることを意味している．a が p の倍数なら問題なく p で割り切れる．そうでない場合は，$a^{p-1} - 1$ が p で割り切れることになるのでフェルマーの小定理が証明された．

フェルマーの小定理を活用すると，数の冪乗（べきじょう）の余りを計算することが非常に簡単になる可能性がある．例えば，2^{5800} を 5801 で割った余りはいくつだろうか．5801 が素数なら，フェルマーの小定理が使えるので，1 だとすぐにわかる．5801 は素数なのでこれは正しいが，フェルマーの小定理を知らないとまともに計算しなければならない．2^{5800} は 1746 桁の数だ．ただ，この程度であればコンピュータを使えばすぐに答えが出る．

```
2**5800
```

```
9418350556...1726 桁を省略...2968677376
```

[*5] 厳密には数学的帰納法を使った証明になる．

```
2**5800 % 5801
```

```
1
```

しかし，もっと大きな数は簡単に作ることができる．$2^{2^{100}}$ という数を，5801 で割った余りを計算しよう．次のようなコードを実行すると，さすがのコンピュータもそう簡単に答えが出せない[*6]．

```
2**(2**100) % 5801
```

フェルマーの小定理を応用して計算してみよう．まず，2^{100} を $5800 = 5801 - 1$ で割った商と余りを計算する．

```
divmod(2**100, 5800)
```

```
(218560448315211965775293656, 576)
```

この結果を利用して，次のようにすると答えが 2162 であることがわかる．

$$2^{2^{100}} = 2^{218560448315211965775293656 \times 5800 + 576}$$

$$\equiv 2^{576} \equiv 2162 \pmod{5801} \tag{9.17}$$

5801 が素数であるためフェルマーの小定理を使って，$(2^{218560448315211965775293656})^{5800}$ を 5801 で割った余りが 1 だとすぐにわかる．そのため，計算が簡単になっている．

このように人間は，数学の定理を使って難しい問題を解くことができる．実は組み込み関数 pow を使うと，この計算がすぐに実行できる．

```
pow(2, 2**100, 5801)
```

```
2162
```

pow 関数は 1 つ目の引数を 2 つ目の引数で幂乗した結果を返す関数だが，3 つ目の引数が与えられると，結果をさらに 3 つ目の引数で割った余りを返してくれる．

ここまでの結果から，pow 関数は何らかの方法で効率的に計算をしていることがわかる．割る数が素数の場合は，フェルマーの小定理を使って計算を簡単にする方法が考えられる．pow 関数の中でも

[*6] Jupyter Notebook ではツールバーの ■ ボタン（interrupt the kernel）を押すと，Python の対話モードで Ctrl+C キーを押したときと同じようにコードの実行を中断することができる．

これが使われているのだろうか. 実はそうではなく, 計算を高速に実行できるアルゴリズムが知られている. また, これから紹介するアルゴリズムは, 割る数が素数でないときにも利用できる便利なものだ. この仕組みを理解し, 実装してみることにしよう.

9.2.3 冪乗と余り

一般的に, a^k を m で割った余りを計算したいとする. m は素数でなくても構わない. まともに計算しようとすると, k が非常に大きい場合に現実的な時間で結果が出ないことはすでに見てきた. この問題を効率的に解く方法に, **繰り返し二 (自) 乗法** (repeated squaring, repeated doubling) がある. わかりやすいように例を使って説明しよう.

7^{43} (mod 123) を求めたいとしよう. ここで, 43 を 2 進展開する. 2 進展開とは, ある数を 2 の冪乗とその和で表すことだ.

$$43 = 1 \times 2^5 + 0 \times 2^4 + 1 \times 2^3 + 0 \times 2^2 + 1 \times 2^1 + 1 \times 2^0 \tag{9.18}$$
$$= 32 + 0 + 8 + 0 + 2 + 1 \tag{9.19}$$

式 (9.18) ではわかりやすいように, 0 が係数になっている 2^2 と 2^4 の項も書いてある. これは 43 の 2 進数による表現で, コンピュータが内部で整数の表現に使っている方法にほかならない. Python では組み込み関数 bin を使うと, 引数にとった数字の 2 進数による表現を文字列で返してくれる.

```
bin(43)
```

```
'0b101011'
```

文字列で返ってくるが, 最初の 2 文字 (0b) はこれが 2 進数であることを示す接頭辞なので注意しよう. 右から左へ 2^0, 2^1, 2^2 の係数として利用できる.

2 進展開した 43 を使って 7 の 43 乗を表現すると次のようになる.

$$7^{43} = 7^{32} \times 7^8 \times 7^2 \times 7^1 \tag{9.20}$$

式 (9.20) を眺めていると, 7^{43} を 123 で割った余りを求めるときに, 7 を 43 回かける必要がないことに気がつく. 7 から順に 2 乗していき, それらを 123 で割った余りを知れば十分だ. アルゴリズムの動きを図 9.3 を使って説明しよう.

まず, 図 9.3 の一番下の行に注目してみよう. 7^{32} を 123 で割った余りは 10 だということがわかるが, これを知るためにしたことは 16^2 を 123 で割って余りを求める計算だ. 7 の冪乗を計算せずに済んだ理由は, $7^{16} \equiv 16$ (mod 123) を知っていたためだ. あとは同じように考えれば繰り返し二乗法の仕組みが納得できるだろう. 図 9.3 の結果を使って, 式 (9.21) のようにして計算できる. アルゴリズムの本質は, 合同式の性質を使って掛け算の回数を大幅に減らしているところにある. 地道に進むのではなく, 冪乗で大きくしていき, 短時間で入力の数値に到達しようという作戦だ.

$$7 \quad = \quad 7 \quad \equiv \quad 7 \quad (\bmod\ 123)$$

$$7^2 \quad = \quad 49 \quad \equiv \quad 49 \quad (\bmod\ 123)$$

$$7^4 \quad = \quad 49^2 \quad \equiv \quad 64 \quad (\bmod\ 123)$$

$$7^8 \quad \equiv \quad 64^2 \quad \equiv \quad 37 \quad (\bmod\ 123)$$

$$7^{16} \quad \equiv \quad 37^2 \quad \equiv \quad 16 \quad (\bmod\ 123)$$

$$7^{32} \quad \equiv \quad 16^2 \quad \equiv \quad 10 \quad (\bmod\ 123)$$

図 9.3 繰り返し二乗法のアルゴリズム

$$7^{43} = 7^{32} \times 7^8 \times 7^2 \times 7^1$$
$$\equiv 10 \times 37 \times 49 \times 7 \equiv 97 \quad (\bmod\ 123) \tag{9.21}$$

式で順次掛け合わされる数値を b として保持すると，アルゴリズム 9.1 のような手続きで $a^k \ (\bmod\ m)$ を計算できる．

◀ アルゴリズム 9.1　繰り返し二乗法のアルゴリズム ▶

```
1   入力：a, k, m
2   出力：a の k 乗を m で割った余り
3   手続き：
4   1  b=1とする
5   2  k の 2 進数表現を得て一番下の位から順に i に格納し以下を繰り返す
6       2.1  i が 1 なら ab を m で割った余りで b を更新する
7       2.2  a を 2 乗して m で割った余りで a を更新する
8   4  b を出力する
```

実装するとコード 9.2 のようになる．bin 関数で 2 進数表現を得たあと，接頭辞を取り除き，順番

をひっくり返している.

◀ コード 9.2　繰り返し二乗法の実装 ▶

```python
def a_k_mod_m(a, k, m):
    b = 1
    for i in reversed(bin(k)[2:]):
        if i == '1':
            b = a * b % m
        a = a**2 % m
    return b
```

実行してみよう.

```
a_k_mod_m(7, 43, 123)
```

```
97
```

かなり大きな数にも対応できる. フェルマーの小定理を使って解いた前出の例をそのまま計算してみよう.

```
a_k_mod_m(2, pow(2, 100), 5801)
```

```
2162
```

アルゴリズムの力によって, 計算時間が圧倒的に短くなったことがわかるだろう[7]. この結果を使って, 与えられた数が素数かどうかを判定する乱択アルゴリズムを構成していこう.

➤　9.3　素数判定アルゴリズム

8.1.3 節で見たように, 10 進数で数十桁になるような大きな数が素数かどうかを判定する問題は, 実直に約数を調べ上げる方法では現実的には解くことができない. これを乱択アルゴリズムと数学の力で解決してみよう.

---

[7] せっかく作った関数だが, 組み込み関数 pow と機能は同等なため本章以外では pow を使うことにする.

第 9 章 乱択アルゴリズムと数論

▶ 9.3.1 この数は素数か

数が大きくなると，調べなければならない約数の数が膨大になる．これをひとまず乱択アルゴリズムの考え方で解決してみよう．与えられた数を n とする．$2 \leq x \leq \sqrt{n}$ となるような x をランダムに選び，それが n の約数かどうかを計算する．もし約数になれば n は合成数だ．この手続きを何回か繰り返そう．もし n が素数なら約数は絶対に見つからない．しかし n が合成数だとしても運悪く約数が見つからない可能性はある．つまりこのアルゴリズムは，与えられた数が合成数のときに，それが素数だと誤って結論づける可能性があるモンテカルロアルゴリズムとなる．

この簡単なアルゴリズムを実装してみよう．関数の出力は文字列で，合成数だと判断したときは常に正しいので「composite」と出力する．一方，素数かもしれないと判断したときは間違っている可能性が残るので「probably prime」とする．引数で繰り返しの回数を指定できるようにしよう．実装はコード 9.3 のようになる．

◀ コード 9.3　素数判定の単純な乱択アルゴリズム [*8] ▶

```python
import random

def random_div(n, repeat=10):
    """ 与えられた数が素数かどうかを判断する.
    ランダムに割り算をして約数を見つける
    """
    if n % 2 == 0:
        return 'composite'
    d_max = int(pow(n, 0.5))
    # 奇数列を作る
    odd_seq = range(3, d_max+1, 2)
    for cnt in range(repeat):
        d = random.choice(odd_seq)
        if n % d == 0:
            return 'composite'
    return 'probably prime'
```

実行してみよう．すぐに素数とわかるような数であれば正しい判断ができていそうだ．

```
random_div(71)
```

[*8] d_max を求めるところで，n の平方根を計算している．n が大きくなると正しく動作しなくなるので，公開資料では decimal モジュールを使ったコードも紹介している．

```
'probably prime'
```

少し大きな数になると怪しくなってくる．1105 は 5 で割れる．しかしかなりの確率で素数と判断してしまうことがわかる．その都度結果は変わるので，何回か実行してみよう．

```
for i in range(20):
    print(random_div(1105))
```

9.3.2 合成数の証人

前出の 1105 についてもう少し考えてみよう．$1105 = 5 \times 13 \times 17$ だ．これらの数を 1105 が合成数だと確定してくれる数だと考え「証人」と呼ぶことにしよう．証人を探す範囲は，$3 \leq x \leq \sqrt{1105} = 33.241\cdots$ で奇数に限られるので 16 人になる．この中に証人は 3 人しかいないので，1 回の試行で証人に当たる確率は $\frac{3}{16} = 0.1875$ となる．10 回試して一度も証人に出会えない確率は，$\left(\frac{13}{16}\right)^{10} \simeq 0.1253$ となる．試行回数を増やせば一度も証人に出会えない確率を小さくすることはできるが，もう少し証人を増やせないだろうか．

別のタイプの証人を探すことにしよう．約数そのものを証人とすることを諦め，素数の性質を使って，与えられた数が素数であるかどうかを確かめる方法に切り替えよう．フェルマーの小定理を思い出す．p が素数なら，$1 < a < p-1$ となる a に対して，$a^{p-1} \equiv 1 \pmod{p}$ となることを主張していた．この命題の対偶を考えると，$a^{p-1} \not\equiv 1 \pmod{p}$ ならば，p は素数ではないということになる．このときの a を新たな証人として採用する．与えられた数に対して，このタイプの証人が何人いるか計算する関数を作ってみよう．コード 9.4 のようになる．

◀ コード 9.4　合成数の証人探し ▶

```
1   def fermat_check(n):
2       cnt = 0
3       for a in range(2, n):
4           if pow(a, n-1, n) != 1:
5               cnt += 1
6       return cnt
```

素数には合成数の証人はいない．

```
fermat_check(71)
```

```
0
```

一般的な合成数はかなり多くの証人をもっている.

```
fermat_check(99)
```

```
94
```

1とその数自身は調べていないので, $\frac{94}{99-2} \simeq 0.969$ となりかなりの高い割合だ. しかし, 時々ひねくれた合成数がいる. 先ほどの1105をチェックしてみよう.

```
fermat_check(1105)
```

```
336
```

全体の3割ほどしか合成数の証人がおらず, 半数以上が1105は素数だと嘘をつくことになる. それでも, 約数そのものを合成数の証人としていた方法よりも, 証人の数を増やすことができた. これを素数判定の乱択アルゴリズムとして採用してもよいが, もしかすると証人がほとんどいない合成数があるかもしれないので, この方法では心もとない. 実は, 数論の成果として, 確実に証人を用意できる方法がある.

🔵 9.3.3 ラビン・ミラー素数判定法

1980年にラビン（Rabin）は, どのような合成数においても $\frac{3}{4}$ 以上の確率でその証人を見つけることができる方法を発見した[9]. この証明自体は少し難解[10]なので, この方法のもとになった素数に関する次のような性質を紹介しておこう.

p を奇数の素数とし, 奇数 q と k を使って次のように表す.

$$p - 1 = 2^k q$$

a を p で割り切れない任意の数とすると, 次の性質のうちどちらかが成り立つ.

(1) $a^q \equiv 1 \pmod{p}$

(2) $a^q, a^{2q}, a^{4q}, \ldots, a^{2^{k-1}q}$ のうち1つは p を法として -1 と合同

フェルマーの小定理を思い出せば, 証明はそれほど難しくない. ここから次のラビン・ミラー素数判

---

[9] ミラー（Miller）が提案したアルゴリズムを乱択化したものがラビンの提案した方法になる. したがって, ミラー・ラビンと書く場合もある.

[10] Michael O. Rabin, Probabilistic Algorithm for Testing Primality, *Journal of Number Theory* 12, 128-138 (1980)

定法を得る.

n を奇数として，奇数 q を使って $n-1 = 2^k q$ と表す．以下の条件が両方とも成立するとき，n は合成数である．

$$(a)\ a^q \not\equiv 1 \pmod{n}$$

$$(b)\ i = 0, 1, 2, \ldots, k-1\ \text{すべてについて，}\ a^{2^i q} \not\equiv -1 \pmod{n}$$

ラビン・ミラー素数判定法のすごいところは，このような証人 a がどのような奇数の合成数についても 75 ％以上確保できることを示したところだ．ニセの証人をつかまされる確率は，大きく見積もっても $\frac{1}{4}$ なので，10 回連続ニセモノになる確率は 9.5×10^{-7} となり約 100 万分の 1 だ．

早速この方法を実装してみよう（コード 9.5）．少し長くなるので関数を 2 つに分けてある．

◀ コード 9.5　ラビン・ミラー素数判定法 ▶

```python
def squeeze_q(n):
    """ 奇数の引数 n から 1を引いた数を計算し，
    2の成分を搾り取った奇数と 2の個数を返す
    """
    k = 0
    x = n-1
    while x % 2 != 1:
        k += 1
        x //= 2
    return (n-1) // pow(2, k), k

def rabin_miller(n, repeat=10):
    if n < 2:
        return 'give me more than 1.'
    if n == 2:
        return 'prime'
    if n % 2 == 0:
        return 'composite'
    q, k = squeeze_q(n)
    cnt = 0
    while cnt < repeat:
        a = random.randint(2, n-1)
        # 1つ目の条件
        cond_1 = pow(a, q, n) != 1
        temp = []
        for i in range(k):
```

```
27              y = pow(2, i) * q
28              c = pow(a, y, n) != n-1
29              temp.append(c)
30          # 2つ目の条件
31          cond_2 = all(temp)
32          if cond_1 and cond_2:
33              return 'composite'
34          cnt += 1
35      return 'probably prime'
```

　試してみよう．このアルゴリズムはモンテカルロアルゴリズムなので，素数だと結論づけるときは誤っている可能性もある．一方，合成数は間違いなく判別できる．1105 も合成数だと正しく計算してくれる．

```
rabin_miller(71)
```

```
'probably prime'
```

```
rabin_miller(1105)
```

```
'composite'
```

　ラビン・ミラー素数判定法の実装が，非常に大きな素数にも使えることを試そう．自然数 n に対して $2^n - 1$ で表現される数を**メルセンヌ数**（Mersenne number）といい M_n で表すことが多い．例えば $M_3 = 7$ となる．M_n が素数になるとき，これをメルセンヌ素数という．M_3 はメルセンヌ素数だ[*11]．$n < 1000$ の M_n について，メルセンヌ素数を探すコードを書いてみよう．ラビン・ミラー素数判定法を使えば簡単に計算できる．

```
def M(n):
    # Mersenne 数を返す
    return pow(2, n)-1

for n in range(2, 1000):
    if rabin_miller(M(n)) == 'probably prime':
        print('[{}] / {}'.format(n, M(n)))
```

[*11] 一般に，M_n が素数になるとき，n は素数であることが知られている．逆は成り立たない．つまり，n が素数だからといって，必ずしも M_n が素数になるとは限らない．

```
[2]   /  3
[3]   /  7
[5]   /  31
[7]   /  127
[13]  /  8191
[17]  /  131071
[19]  /  524287
[31]  /  2147483647
[61]  /  2305843009213693951
[89]  /  618970019642690137449562111
[107] /  162259276829213363391578010288127
[127] /  170141183460469231731687303715884105727
[521] /  68647976601306 ・・・（中略）・・・ 40282911150551
[607] /  53113799281627 ・・・（中略）・・・ 5194383127083539328127
```

　メルセンヌ素数に関してはよく研究されているため，$n < 1000$ のメルセンヌ素数はここに列挙されているものがすべてであることが知られている．我々が実装したラビン・ミラー素数判定法がうまく動いている証拠だ．とくに，M_{607} の素数は 183 桁あるが正しく素数判定できている．アルゴリズムを使うと計算量を大幅に削減することができることが，この事例からもよくわかるだろう．

➤ 第9章　練習問題

9.1　ある自然数 m を考える．1 から m までの間にある数で，m と互いに素（共通の約数が 1 だけ）となる数がいくつあるかを計算する関数を実装せよ．2 つの自然数の最大公約数は `math.gcd` で計算できる．

9.2　ある合成数 n と $1 \le a \le n$ となる a について，n と a が互いに素であるとき $a^{n-1} \equiv 1 \pmod{n}$ を満たすならば，n を**カーマイケル数**（Carmichael number）と呼ぶ．引数がカーマイケル数かどうかを調べる関数を実装せよ．また，本章で登場した 1105 がカーマイケル数であることを確認せよ．

9.3　コード 9.5 において，関数 `squeeze_q` の中で，演算子 `//` を使って割り算をしているところが 2 箇所ある．演算子 `/` を使ってはならない理由を答えよ．余裕があれば演算子 `//` を使わない別の実装方法を示せ．

9.4　200 桁の自然数をランダムにいくつも生成し，ラビン・ミラー素数法で素数だと判定される数を 10 個見つけよ．

{ 第 10 章 }
現代社会を支えるアルゴリズム

世界中の人が日常的にコンピュータやインターネットを利用している．その仕組みはまさにアルゴリズムのかたまりだ．本章では，通信経路の暗号化とデータの圧縮に焦点をあてて，どのようなアルゴリズムが使われているのかを見ていくことにしよう．

➤ 10.1 ハッシュ関数

目の前に大きな段ボール箱が2つある．さまざまな生活雑貨が入っているが，箱の蓋はテープでしっかりと封がされているので，中を確認することはできない．両方の箱の中身がまったく同じかどうかを瞬時に判断する方法はあるだろうか．

▶ 10.1.1 ファイルの内容を表現する文字列

図 10.1 は，Python Software Foundation（www.python.org）のサイトにある，OS ごとに Python のインストーラが並んでいるページの画面キャプチャだ．

それぞれの環境にあった Python のインストーラなどが並んでいる．表の右のほうに MD5 Sum という列があり，意味不明な文字列が並んでいるのがわかるだろうか．これはいったい何のためにあるのだろうか．

まずこの文字列を観察するところから始めよう．文字列は小文字のアルファベットと数字から構成されているようだ．また MD5 Sum の列に並んでいる文字列はすべて同じ文字数になっている．これは，使われているフォントが等幅フォント[*1] でないとわかりにくいので，いくつかの文字列を等幅フォントを使っているテキストエディタなどに貼り付けて確認してみるとよいだろう．最も重要な点は，文字列がすべて違うということだ．どれ1つとして同じ文字列はない．

[*1] 文字によって表示幅が同じになるフォントが等幅フォントだ．文字の形に応じて幅が変わるフォントは，プロポーショナルフォントと呼ばれる．

Files

Version	Operating System	Description	MD5 Sum	File Size	GPG
Gzipped source tarball	Source release		2ee10f25e3d1b14215d56c3882486fcf	22973527	SIG
XZ compressed source tarball	Source release		93df27aec0cd18d6d42173e601ffbbfd	17108364	SIG
macOS 64-bit/32-bit installer	Mac OS X	for Mac OS X 10.6 and later	5a95572715e0d600de28d6232c656954	34479513	SIG
macOS 64-bit installer	Mac OS X	for OS X 10.9 and later	4ca0e30f48be690bfe80111daee9509a	27839889	SIG
Windows help file	Windows		7740b11d249bca16364f4a45b40c5676	8090273	SIG
Windows x86-64 embeddable zip file	Windows	for AMD64/EM64T/x64	854ac011983b4c799379a3baa3a040ec	7018568	SIG
Windows x86-64 executable installer	Windows	for AMD64/EM64T/x64	a2b79563476e9aa47f11899a53349383	26190920	SIG
Windows x86-64 web-based installer	Windows	for AMD64/EM64T/x64	047d19d2569c963b8253a9b2e52395ef	1362888	SIG
Windows x86 embeddable zip file	Windows		70df01e7b0c1b7042aabb5a3c1e2fbd5	6526486	SIG
Windows x86 executable installer	Windows		ebf1644cdc1eeeebacc92afa949cfc01	25424128	SIG
Windows x86 web-based installer	Windows		d3944e218a45d982f0abcd93b151273a	1324632	SIG

図 10.1 Python の Download ファイル一覧にある MD5 Sum

この文字列は，MD5（Message Digest Algorithm）[*2] というアルゴリズムで計算されたものだ．アルゴリズムの入力はファイルのデータそのもので，出力が MD5 Sum の列に並んでいる文字列だ．digest は要約を意味する英単語で，出力の文字列はファイルごとに違ったものになる[*3]．これは**チェックサム**（checksum）ともいわれる．MD5 アルゴリズムで計算したチェックサムは，MD5 チェックサムになる．実際にファイルのチェックサムを計算してみよう．どれか 1 つのインストーラを選んでダウンロードし，次のような Python コードを実行すると，ファイルの MD5 チェックサムを確認できる[*4]．

```python
import hashlib

# ファイルの内容をfile に格納
with open('python-3.7.3-embed-win32.zip', 'br') as f:
    file = f.read()

# hashlib から md5 のインスタンスを作り，16 進数表示のチェックサムを得る
hashlib.md5(file).hexdigest()
```

```
70df01e7b0c1b7042aabb5a3c1e2fbd5
```

計算されたチェックサムと，ダウンロードページに表示されている文字列が同じであることを確認しよう．これは，手元にあるファイルが確かに Python Software Foundation が配布しているものと

[*2] このほかに MD2，MD4，MD6 があるが現在は MD5 が広く使われている．
[*3] 違う内容のファイルを入力として同じ文字列が出力される可能性はある．これについては後ほど説明する．
[*4] ファイルはカレントディレクトリに置く必要がある．別の場所にある場合は，フルパスでインストーラの場所を指定する．

第 10 章　現代社会を支えるアルゴリズム

同一であることを意味している．ダウンロードの途中で誰かにファイルを差し替えられたりしていないということが確約される．数十メガバイトの 2 つのファイルが，まったく同じ内容であることを，MD5 チェックサムを計算するだけで確認できるわけだ．

▶ 10.1.2　MD5 ハッシュ関数

MD5 が出力する要約は 128 ビットになることが仕様で決められている．128 ビットあると，2^{128} 通りの状態を表現できる．これは 10 進数で 39 桁になる次のような途方もない数だ．

$$340282366920938463463374607431768211456$$

10 進数より 16 進数のほうが桁数を短くできる．16 進数は 0〜9 の数字に A〜F の 6 文字を加えて 16 種類の文字で 1 桁分を表現するからだ．128 ビットは 16 進数で表現すると 32 桁になる．MD5 などのハッシュ値は通常 16 進数で表記される．

Python のインストーラは環境に応じてサイズが違うものの，数メガバイトから数十メガバイトの大きさがある．128 ビットは 16 バイトなので，かなり大きなデータが 16 バイトに要約されたことがわかる．もっと大きなデータが入力になっても，MD5 チェックサムを計算すると 128 ビットのデータになる．また，128 ビット（16 バイト）より小さなデータの要約も規定の大きさ（16 バイト）になる．試してみよう．

```
hashlib.md5('あ'.encode('UTF-8')).hexdigest()
```

```
'8c0c3027e3cfc3d644caab3847a505b0'
```

ひらがなの「あ」1 文字を入力として MD5 チェックサムを計算した．32 文字の 16 進数表現が返ってくることがわかる．

ここで，5 章でデータの検索のために使ったハッシュテーブルを思い出してみよう．同じハッシュという言葉が使われている．ハッシュテーブルを実装するために使ったのは，組み込み関数 hash だった．こちらの hash 関数も，オブジェクトを受け取って整数値を返してくれた．この hash 関数の入力として整数の 1 や 2 を与えるとどうなるだろうか．確かめてみよう．

```
print(hash(1))
print(hash(2))
```

```
1
2
```

このように，組み込み関数 hash は正の整数値を受け取ると，それをそのままハッシュ値として出力することがある．オブジェクトに整数値を対応させているという機能は実現できているので，ハッ

テーブルを作るときはこれでまったく問題ない．一方，組み込み関数 hash と違い，MD5 では入力のデータから出力を予想することがほとんど不可能になっている．このような特徴を備えたハッシュ関数を**暗号学的ハッシュ関数**（cryptographic hash function）という [*5]．

MD5 を使って 1 と 2 のハッシュ値を求めてみよう．hashlib.md5 がバイト列を入力として受け取るため，ここでは pickle モジュールを使って整数をバイト列に変換している [*6]．少しコードがややこしいが，1 と 2 を入力としたときにハッシュ値がまったく違うことに注目してほしい．

```
import pickle
print(hashlib.md5(pickle.dumps(1)).hexdigest())
print(hashlib.md5(pickle.dumps(2)).hexdigest())
```

```
366da3d0fc5e8ed36f9eac8083a46ae8
76f34d73a1a6753d1243c9ba0afe3457
```

もう 1 つの例を試してみよう．0 から 9999 までの整数を格納した配列の MD5 ハッシュ値を計算してみる．あとのコーディングを楽にするためにちょっとした関数を作ろう．

```
def to_byte_hash(val):
    byte_data = pickle.dumps(val)
    return hashlib.md5(byte_data).hexdigest()
```

```
array_10k = list(range(10000))
to_byte_hash(array_10k)
```

```
'390c7c5300a128c476f944872a93ccf4'
```

先頭の要素だけを 0 から −1 に変更してハッシュ値を計算してみよう．残りの 9999 個は同じままにしておく．

```
array_10k[0] = -1
to_byte_hash(array_10k)
```

```
'ab2d4961f8ac559b4e50588ff7992826'
```

似ても似つかないハッシュ値が返ってくることがわかる．もちろん，元のデータを元に戻せばハッシュ値も元に戻る．

[*5] 一方向ハッシュ関数と呼ばれることもある．

[*6] int 型の to_bytes メソッドを使うこともできる．

```
array_10k[0] = 0
to_byte_hash(array_10k)
```

```
'390c7c5300a128c476f944872a93ccf4'
```

このように暗号学的ハッシュ関数は，元のデータがなんであれ，まったく予想もつかないハッシュ値を返す．この性質はどのような場面で役に立つのだろうか．

10.1.3　パスワードの保存

インターネットの Web には，電子メールや SNS を使ったメッセージのやりとり，物品の通信販売，株や仮想通貨を含む金融取引など現実世界にあるほとんどすべてのサービスが存在している．これらのサービスはまず，ユーザの認証を行う必要がある．最近は，スマートフォンを使った生体認証も広がってきているが，パスワードを使ったユーザ認証が一般的だろう．Web ブラウザから入力されたパスワードは，暗号化されてサーバまで送られる．この暗号化については，次節で説明する．入力されたパスワードがサーバに到着すると，データベースに保存されたユーザのパスワードと比較される．このとき，データベースにはどのような情報が保存されているべきだろうか．

ユーザがあるサービスに会員登録してパスワードを登録したとき，サイトの運営者はパスワードを暗号学的ハッシュ関数によって変換してデータベースに保存するべきだ．例えば，変換のアルゴリズムを MD5 と決めておけば，後日ユーザがログインするために送ってきたパスワードを MD5 で変換して比較すればよい．ハッシュ関数は入力が同じなら，必ずそれに対応した決まったハッシュ値が返るので，これは問題なく動作する[*7]．

なぜ暗号学的ハッシュ関数を使う必要があるのだろうか．暗号学的ハッシュ関数は，出力されたハッシュ値から入力された情報を推測することが事実上不可能だからだ．こうしておけば，データベースの中を見られるシステム開発の担当者も，ユーザが実際にどのようなパスワードを使っているかはわからない．また，万が一サーバが不正アクセスの被害にあってパスワードの情報が流出しても，平文[*8]のパスワードが第三者の手に渡る心配がない[*9]．

10.1.4　ハッシュと攻撃

ハッシュ関数は，入力のサイズにかかわらず一定の長さのハッシュ値を返す．暗号学的ハッシュ関

[*7] 違うパスワードの入力に対して同じハッシュ値が返ってくる可能性はゼロではない．しかし，これはパスワードの照合という動作には影響がない．また後述するように，この現象を意図的に起こすことは困難であるため，システムを設計する観点からはこの影響は無視できる．

[*8] 「ひらぶん」と読む．暗号化されていないそのままのデータを意味する．

[*9] 簡単な文字列，例えば「password」などをパスワードとして利用していると，暗号学的ハッシュ関数で変換されていても，容易に元のパスワードが推測されてしまう．このため，普段からパスワードには推測されにくい文字列を使うことが重要だろう．また，サービス提供側の対応策としては，暗号化する際にランダムなデータを追加して決まったハッシュ値が生成されることを避ける方法もある．これはちょっとした味付けという意味で salt（塩）と呼ばれている．

数は，さらに出力されたハッシュ値から入力を予想できないという特徴をもつ．

違う入力データに対して同じハッシュ値が割り当たることを，ハッシュ値の**衝突**（collision）という．もしこれを意図的に起こせると，ファイルの同一性をチェックするためにハッシュ値を用いることができなくなる．悪意のある何者かが，Python のインストーラにウイルスを仕込んだとしよう．これは元のインストーラとは違った内容になるので，通常ハッシュ値が異なる．しかし，ハッシュ値の衝突を意図的に起こせるとなると，インストーラにウイルスを仕込んだあと，ファイルの中身を少し調整してハッシュ値が同じになるようにできるかもしれない．こうなると，チェックサムが信用できなくなる．実は，MD5 アルゴリズムではこのような衝突を起こすことができるという報告がすでにある．

実際には，Python のインストーラにウイルスを仕込み，ファイルサイズを同じにしたまま，MD5 のハッシュ値まで同じにするのは至難の技だ．つまりそれほど神経質になる必要はない．また，より安全な暗号学的ハッシュ関数を作ろうという世界的な動きはいまも継続している．MD5 に代わるものとしては，**SHA**（Secure Hash Algorithm）[10] が挙げられる．SHA は，SHA-0 から SHA-3 に大別され，それぞれにさらに細かい分類がある．広く使われているアルゴリズムには，SHA-2 に属する SHA-256 がある．これは出力が 256 ビットになる暗号学的ハッシュ関数だ．SHA-2 には MD5 のようにハッシュ値を衝突させる攻撃方法はまだ発見されていない．

2005 年に SHA-1 のアルゴリズムに脆弱性が発見されたことを受け，SHA-3 の策定作業が進められた．SHA-2 とまったく異なる構造をしているなどの要件を満たした，KECCAK[11] と呼ばれるアルゴリズムが SHA-3 に採用された．

SHA-2 や SHA-3 はいまのところ安全な暗号学的ハッシュ関数として利用することができる．金銭的な価値と直接結び付くようなデータに対してもこれらのアルゴリズムが利用できる．実際に，SHA-256 はビットコインでも使われている．SHA-256 のアルゴリズムはかなり複雑なので，簡単に実装することはできないが，ブロックチェーンの仕組みを紹介しながら暗号学的ハッシュ関数がビットコインでどのように使われているのかを体験してみることにしよう．

10.1.5　ビットコインと暗号学的ハッシュ関数

一般的なお金の取引は銀行口座を介して行われる．個人がもっている通帳には，その人の口座に関するお金の出入りが記録される．すべてのデータは口座が存在する銀行が管理する．データが改竄されないことは，銀行が保障してくれる．ビットコインなどの仮想通貨では，全員分の通帳をネット上の複数の場所に保存する[12]．銀行のようにデータの管理者が決まっていないのに，データが改竄されないことをどうやって保障するのだろうか．

ビットコインは**ブロックチェーン**（blockchain）と呼ばれる技術に支えられている．誰が誰にいくら支払ったというような個別の**取引情報**（transaction）は，いくつかまとめられてブロックになる．

---

[10] シャーと発音することが多い．
[11] ケチャックと発音される．
[12] こうした考え方は分散型データベースと呼ばれ，コンピュータ科学の分野で長く研究されている課題の 1 つだ．

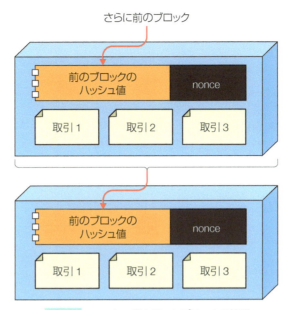

図 10.2　ハッシュ値を使ったブロックの接続

　このブロックを鎖状につなげていくので，ブロックチェーンと呼ばれるわけだ．図 10.2 にブロックがつながる様子を示した．
　このチェーンに新たなブロックを接続しようとする場合，まず前のブロックのハッシュ値を計算する．新たに接続されるブロックにこのハッシュ値を含める．このようにしてブロックをつなげていくと，途中のデータを改竄することがほとんど不可能になる．鎖状につながったブロックのどこか 1 箇所の取引情報を変更したとしよう．データが少しでも変わるとハッシュ値が大きく変わる．元のハッシュ値が次のブロックに記録されるので，改竄した取引を含むブロックのハッシュ値を計算し，次のブロックの内容を書き換えなければならない．しかし，そうなるとその次のブロックの内容も書き換えなければならず，これがずっと続くことになる．
　さらにブロックチェーンでは，このハッシュ値を少し工夫している．SHA-256 などのアルゴリズムで計算したハッシュ値そのものではなく，先頭の何桁かが 0 で埋まっているハッシュ値でなければブロックを接続できない仕組みになっている．ところで，いくつかの取引データをブロックにまとめたデータのハッシュ値は一意に決まる．ここでハッシュ値を変えるために，ブロックの中に nonce[*13] と呼ばれる小さい余計なデータを含むことにする．この nonce を調節して，算出されるハッシュ値の先頭が 0 で埋まるようにするのだ．ハッシュ値は入力データが少しでも変われば大きく変わるので，これはうまいアイディアといえる．一方で，入力データからどのようなハッシュ値が計算されるかはまったく見当がつかない．このため，nonce を徐々に変えながらただひたすら目的のハッシュ値が求まるまで，計算を続けることになる．これが，ビットコインのマイニングと呼ばれる作業だ．

[*13] ノンスまたはナンスと発音される．

ビットコインのマイニングを再現してみよう．まず，1つ前のブロックのデータと nonce を受け取って SHA-256 のハッシュ値を返す関数を作る．このとき，ハッシュ値の先頭に 0 がいくつ並んでいるかも調べておこう．

```python
def block_to_hash(block_data, nonce):
    # 関数の引数 x にnonce を連結して，sha256 を使ってハッシュ値を計算
    input_str = str(block_data) + str(nonce)
    h = hashlib.sha256(input_str.encode('UTF-8')).hexdigest()
    # 先頭から 0がいくつ並んでいるかを数える
    cnt = 0
    for v in h:
        if v == '0':
            cnt += 1
        else:
            break
    return h, cnt
```

ブロックのデータとして適当な文字列を用意し，nonce を 1 から 1 つずつ増やしハッシュ値の先頭に 0 が 5 個並ぶまで計算を続けてみる．

```python
# 先頭に 0が 5つ並んだハッシュ値を探す
my_block = 'prev_block_tx0_tx1_tx2'
c = 1
while True:
    hash_val, cnt = block_to_hash(my_block, c)
    if cnt == 5:
        print('{}回目の計算で成功しました'.format(c))
        print(hash_val)
        break
    c += 1
```

```
799585 回目の計算で成功しました
00000472cdbfc8538016d49f00d7c5ad01cb9e6fc7c733ddbe70ed1e90deb773
```

先頭に 0 が 5 個並んだハッシュ値を計算するのに，約 80 万回ハッシュ値の計算をすることになった．0 がもっと多く並んだハッシュ値を求めたいと思うと，さらに多くの時間がかかる．実際にビットコインのマイニングでは，0 の個数によってマイニングの難易度を調整している[14]．

---

[14] Satoshi Nakamoto, Bitcoin: A Peer-to-Peer Electronic Cash System, http://bitcoin.org/bitcoin.pdf

第 10 章　現代社会を支えるアルゴリズム

➤ 10.2　公開鍵暗号

　公開鍵暗号とは，その名の通り暗号の鍵の一部を公開するにもかかわらず，通信を暗号化できる不思議な仕組みだ．しかも，現在使われている公開鍵暗号の仕組みは，暗号化だけではなく本人であることを証明できる機能まで備えている．

◉ 10.2.1　認証と暗号の必要性

　MD5 チェックサムを計算するとダウンロードしたファイルが何者かに改竄されていないことを簡単に確かめられた．しかし，そもそも自分が接続した Web サイトが，本家 Python のサイトにデザインを似せた海賊サイトだったらどうだろうか．チェックサムが同じでもニセの Python インストーラをつかまされている可能性がある．また，パスワードを使った認証では，パスワードのハッシュ値がサーバに保存されることで安全性が高まることも説明した．しかし，そもそもパスワードがインターネット上を平文で流れたら，誰かに見られてしまう可能性がある．ネットショッピングなどで利用するクレジットカード番号などでも同じことがいえる．

　このように，現在のインターネットを利用した便利な社会は，通信の暗号化と通信相手の身元の証明がなければ成り立たないことがわかる．これはどのような仕組みで実現されているのだろうか．

◉ 10.2.2　暗号の種類

　あなたは，ある国の政府の転覆を狙う革命組織の一員で，メンバーは全部で 5 人だとする．秘密がもれたら逮捕されてしまうので，通信はすべて暗号化する必要がある．このように，通信相手が特定できる少数の場合は，平文を暗号化したり暗号を元に戻すための鍵を共有して暗号通信をするのも現実的だ．アルファベットの平文を，何文字かずらすことで暗号化する**シーザー暗号**（Caesar cipher）は最も単純な例だろう．例えば 3 文字と決めておけば，文中の a は d に変換される．同じく b は e に，x は a にという具合だ．ここではこの 3 という情報が暗号の鍵になる．暗号化も復号化も同じ鍵を使うため，**共通鍵暗号**（common key cryptosystem）や**秘密鍵暗号**（secret key cryptosystem）などと呼ばれる．すぐにわかるように，この鍵がもれたら終わりだ．鍵を定期的に変えるとしても，その周知にコストがかかる．

　インターネットは世界中のコンピュータが接続された巨大なネットワークだが，基本的には通信は暗号化されていない．これを暗号化しようと考えるとき，インターネットには不特定多数の参加者がいるため，秘密の鍵を全員で共有するのは不可能に近い．つまり，秘密鍵暗号の仕組みを使うことができない．そこで登場するのが，**公開鍵暗号**（public key cryptosystem）だ．公開鍵暗号では，公開鍵と秘密鍵の 2 種類が使われる．公開鍵は誰にでも公開して構わないが，秘密鍵は誰にも教えてはいけない．このやり方で通信経路を暗号化できるとインターネットでも使える技術になる．

10.2.3 RSA 暗号

公開鍵暗号は単なるアイディアに過ぎない．ソフトウェア開発でいえば仕様だ．実際に利用するには，実装できる必要がある．現在広く使われている公開鍵暗号は，**RSA 暗号**[*15] と呼ばれる方法だ．RSA 暗号は大きな数の素因数分解に時間がかかることを利用した方法だが，その詳細は後ほど説明しよう．まずは，RSA 暗号における公開鍵と秘密鍵の役割をまとめておく．

RSA 暗号では公開鍵を使って暗号化したデータは公開鍵では復号化できず，秘密鍵を使ったときだけ元に戻すことができる（図 10.3）．この仕組みを使えば，秘密鍵をもっている相手にだけ，他の誰にも知られたくない情報を送ることができる．

秘密鍵を使って暗号化されたデータは，公開鍵を使えば誰でも復号化できる（図 10.4）．公開鍵は一般に公開しているので，これは暗号ではなく**署名**（signature）だ．秘密鍵を知っているのは世界でただ 1 人なので，その人が公開している鍵で復号化できるデータは，その人が暗号化したということが保証される．つまり，通信相手がニセモノではなく本物であると確信できる．

これらの仕組みを使えば，通信経路の暗号化と接続している Web サイトの真偽の確認が一度に実現できる．RSA 暗号がインターネットで広く使われている理由がここにある．

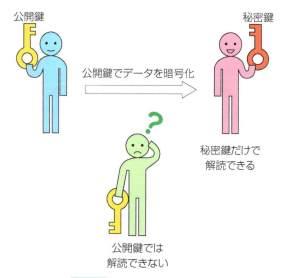

図 10.3　公開鍵を使った暗号化

[*15] Rivest Shamir Adleman と開発者 3 名の頭文字になっている．

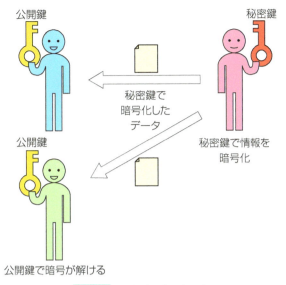

図 10.4 秘密鍵を使った署名

10.2.4 RSA 暗号の数学的な背景

　RSA 暗号の基本的なアイディアを紹介しよう．ここでまずフェルマーの小定理を振り返ってみる．素数 p と自然数 a があるとき，式 (10.1) の関係が成り立つ．

$$a^p \equiv a \pmod{p} \tag{10.1}$$

　a を暗号化して送りたい情報だとする．a を p 乗して p で割った余りを求めると元に戻ることがわかる．そこで，もし $p = r \times s$ なる r と s があれば，a^r を求め暗号として送り，それを s 乗して元に戻すといいたいところだが，p が素数であるために，そのような約数は 1 と p 自身しかない．つまり，r と s を使ったこの作戦ではうまく行かない．そこで，フェルマーの小定理を拡張したオイラーの公式を紹介しよう．a と m が互いに素なとき，$\varphi(m)$ を**オイラー関数** (Euler's function) として，次の式が成り立つ．

$$a^{\varphi(m)} \equiv 1 \pmod{m} \tag{10.2}$$

　オイラー関数 $\varphi(m)$ は，自然数 m について 1 から m までの間に m と互いに素な数がいくつあるかを表す関数だ．例えば $m = 6$ なら，6 以下で 6 と互いに素な自然数は 1 と 5 の 2 個しかないので，$\varphi(6) = 2$ となる．わかりやすいのは m が素数 p となるときで，次の式 (10.3) が成り立つ．

$$\varphi(p) = p - 1 \tag{10.3}$$

　素数は 1 とその数自身しか約数をもたない．p は p と互いに素ではないので，その 1 つ分だけが除かれて $p - 1$ となる．

RSA 暗号は次のような仕組みになっている．まず，素数 p と q を用意して $n = pq$ を計算する．この n が素因数分解されてしまうと RSA 暗号は破られてしまうので，実際には数百桁の素数が使われる．次に，式 (10.4) を満たす r と s を用意する．

$$rs \equiv 1 \quad (\text{mod } (p-1)(q-1)) \tag{10.4}$$

r と $n = pq$ を公開する．s は絶対に誰にも知られてはならない．r は $(p-1)(q-1)$ と互いに素な数である必要があるが，いずれにしても公開することになるため，3 や 65537 といった素数が使われることが多い [*16]．式 (10.4) を満たす s を決めるには式 (10.5) を満たすような整数 s, k を適当に選べばよい．

$$rs = 1 + k(p-1)(q-1) \tag{10.5}$$

これで準備が整った．a を暗号化して送りたいメッセージだとする．通信相手が公開している r と $n(= pq)$ を使って，次の値を計算すると暗号になる．

$$a^r \quad (\text{mod } n) \tag{10.6}$$

この値を c とすると，c は a^r を n で割った余りになる．これは 9 章で学んだ繰り返し二乗法を使えば高速に計算できる．もちろん，Python の組み込み関数 pow を使ってもよい．

暗号を受け取った側は，次のような計算をすれば復号化ができる．

$$
\begin{aligned}
c^s &\equiv (a^r)^s \\
&= a^{1+k(p-1)(q-1)} \\
&= a \left(a^{(p-1)(q-1)} \right)^k \\
&\equiv a \cdot 1^k \quad (\text{mod } n)
\end{aligned}
\tag{10.7}
$$

つまり，c^s を n で割った余りが a になる．式変形の最後にオイラーの公式を使った．$n = pq$ で，p と q は両方素数なので $\varphi(pq) = (p-1)(q-1)$ となり，次の式が成り立つ．

$$a^{\varphi(pq)} = a^{(p-1)(q-1)} \equiv 1 \quad (\text{mod } pq) \tag{10.8}$$

10.2.5 RSA 暗号の実装

RSA 暗号を実装してみよう．まず，2 つの素数 p, q を用意する．実際には 10 進数で数百桁の数を準備する必要がある．ラビン・ミラー素数判定法を使えば，かなり大きな数が素数かどうかも現実的な時間で計算できる．ここではひとまず，メルセンヌ素数を 2 つ使うことにしよう．$p = 2^{89} - 1$，$q = 2^{107} - 1$ とする．両方とも素数であることは，9 章で確認済みだ．

[*16] これらの数は 2 進表現したときに 1 の数が少なく，計算が高速になるという点でも好まれているようだ．

```python
p = pow(2, 89) - 1
q = pow(2, 107) - 1
print(p)
print(q)
```

618970019642690137449562111
162259276829213363391578010288127

これらを掛け合わせて n とする．これは公開鍵の一部だ．

```python
n = p*q
n
```

100433627766186892221372630609062766858404681029709092356097

公開用の $r = 65537$ として，秘密鍵の s を計算しよう．次のような関数を作る．

```python
r = 65537

def find_s(phi_pq, r):
    k = 1
    while True:
        y = 1 + k * phi_pq
        s, d = divmod(y, r)
        if d == 0:
            return k, s
        k += 1
```

```python
k, s = find_s((p-1)*(q-1), r)
s
```

154994233978853812033959867607452925506578317656286692176393

これで準備完了だ．r と n は公開鍵になり，s は秘密鍵になる．実際に RSA 暗号を使うときは p, q, k はもう必要ないので速やかに削除しておこう．これらが漏洩すると秘密鍵がわかってしまうからだ．

RSA 暗号における暗号化と復号化は実はまったく同じ作業だ．しかも組み込み関数 pow で計算できる．形式的ではあるが，わかりやすさを優先して関数に別名をつけておこう．

```
rsa_encode = pow
rsa_decode = pow
```

いま「猫」という漢字 1 文字を暗号化して送信したいとする．暗号化や復号化ができるのは整数値なので，漢字を整数値に変換する必要がある．Python の組み込み関数 ord を使うと，Unicode コードポイントで「猫」に割り当てられている整数値が得られる．

```
# 「猫」をUnicode コードポイントの整数に変換
msg = ord('猫')
msg
```

```
29483
```

暗号化しよう．

```
secret_msg = rsa_encode(msg, r, n)
secret_msg
```

```
8232147511279202224359267034688600961929533448030126 9316154
```

暗号ができた．これがまさか「猫」だとは誰も想像できないだろう．受け取った秘密のメッセージを復号化してみよう．関数の名前は違うが，計算は同じだ．

```
decoded_msg = rsa_decode(secret_msg, s, n)
chr(decoded_msg)
```

```
'猫'
```

組み込み関数 chr の引数に Unicode コードポイントの整数を渡すと，該当する文字に変換してくれる．無事に「猫」が届いた．

▶ 10.2.6　公開鍵暗号基盤

あなたが大手商社に勤めているとしよう．日々，世界中のさまざまな取引先と情報のやりとりをすることになる．ある取引相手の A さんから送られてきたデータが，本当に A さんが作成して発信したものだと確信できる仕組みを考えてみよう．

このような場面では，**デジタル署名**（digital signature）が使われる．これは公開鍵暗号と暗号学的ハッシュ関数を組み合わせたものだ．図 10.5 にデジタル署名の流れをまとめた．

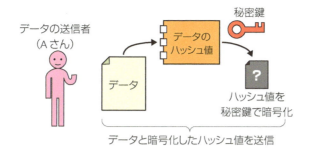

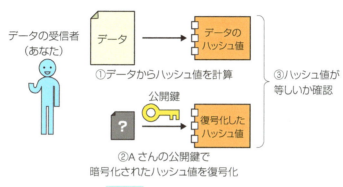

図 10.5 デジタル署名の流れ

　データの送信者である A さんはまずデータのハッシュ値を計算する．このハッシュ値を自分の秘密鍵で暗号化し，データとセットにして送る．情報の受信者であるあなたはデータを取り出し，A さんと同じアルゴリズムでハッシュ値を計算する．一方，A さんの公開鍵を使って一緒に付いてきた暗号を復号化する．これもデータのハッシュ値なので，両者は同じでなければならない．これがデジタル署名の概要だ．

　実際に計算してみて，RSA 暗号では公開鍵を使った暗号化と秘密鍵を使った復号化が同じ作業だということがわかっただろう．デジタル署名はこれを巧みに利用している．秘密鍵で暗号化したデータを，公開鍵で元に戻すことで，間違いなく本人が送ってきたデータであることを確認しているのだ．

　疑い出すと切りがないが，ここで 1 つ疑問が浮かぶ．公開鍵は本当にデータの送信者のものなのだろうか．秘密鍵と公開鍵のペアがまるごと別の第三者の所有であると，デジタル署名の技術だけでは安心できない．これを解決してくれるのが，**認証局**（certification authority: CA）だ．認証局を信頼できる第三者として，自分の公開鍵にお墨付きをもらうのである．具体的には公開鍵に認証局のデジタル署名をつけてもらう．つまり公開鍵に認証局の秘密鍵で暗号化された情報を付加してもらうわけだ．これは**証明書**（certificate）と呼ばれる．この仕組みは**公開鍵基盤**[17]（public key infrastructure: PKI）として整備されている．

---

[17] 公開鍵暗号基盤と呼ばれることもある．

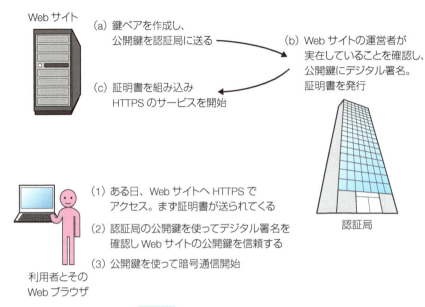

図 10.6　HTTPS 通信と公開鍵基盤

　Web の HTTP 通信には暗号化の機能はない．そのままでは，パスワードもクレジットカードの番号もインターネット上を平文で流れてしまう．これを解決するのが通信経路を暗号化する HTTPS だ．通信経路の暗号だけではなく，重要な情報をこちらから送る場合はとくに，接続している Web サイトが本物かどうかも確かめる必要がある．Web サイトとユーザの間の信頼関係を認証局がとりもつことで，インターネットにおける HTTPS 通信は成り立っている．つまり HTTPS 通信は，公開鍵基盤の最も身近な例だといえる．

　図 10.6 に HTTPS 通信の概要をまとめた．(a)〜(c) は HTTPS 通信に対応した Web サーバを準備するための作業だ．(1)〜(3) は利用者の Web ブラウザが HTTPS 通信の裏で実行している処理になる．

　このように公開鍵と秘密鍵をうまく使うことで，通信相手が本物であることを確認する作業と通信経路の暗号化[*18] が一度に実現できる．

➤ 10.3　データ圧縮の技術

　お肉が入った野菜炒めを作るとき，お肉に塩で下味をつけておくと完成した料理がぐっと美味しくなる．本節では，データの圧縮を手助けしてくれるちょっと不思議なアルゴリズムを紹介しよう．

[*18] HTTPS 通信では，最初の暗号通信では公開鍵暗号を用いるが，そのあとは共通鍵暗号に切り替える．これは公開鍵暗号を使い続けると計算資源を多く消費するためだ．

10.3.1 データ圧縮の基本

　例えば画像をコンピュータで扱う場合，いくつかのフォーマットがある．BMP，TIFF，JPEG，PNG などがよく見るフォーマットだろう．見た目が同じ画像でも，これら 4 つのフォーマットで保存するとファイルのサイズは異なる．一般的に BMP や TIFF に比べると，JEPG や PNG のファイルサイズは小さい．これはデータの**圧縮**（compression）が行われているためだ．大きく分けて 2 種類の圧縮がある．**可逆圧縮**（lossless compression）と**非可逆圧縮**（lossy compression, irreversible compression）だ．非可逆圧縮は可逆圧縮よりも一般的に圧縮率が高いが，元のデータを完全に復元することはできない．JPEG はこの非可逆圧縮を採用している．画像の場合は人間が見て不自然さがなければとくに問題はないので，JPEG フォーマットは広く利用されている．ソフトウェアのインストーラなどには可逆圧縮が使われる．解凍したあと，データが 1 バイトも違わずに元通りになる必要があるからだ．こうしたデータの圧縮はどのような仕組みになっているのだろうか．ここではその理論に深入りはせず，基本的なアイディアだけを紹介しよう．

　次のような日本語の文章があるとしよう．

　すもももももももものうち．

　スモモと桃は同じく「もも」だという意味だが，文中に「も」が頻出する．文字が連続したらその直後に数字を書いて繰り返しを表現できるというルールを作れば，次のような文字列に変換できる．

　すも 8 のうち．

　ルールを知っていれば元の文章を再現できるので，これは可逆圧縮になる．実際に zip 形式などの圧縮アルゴリズムでは，このようなアイディアを基本に作られている[19]．つまり，広く使われている圧縮アルゴリズムは，同じ文字が近くに連続して出現してくれると圧縮率が高くなる．しかし，実際によく見る文章でスモモの例ほど同じ文字が連続することはほとんどない．そこで，データを圧縮する前に何らかの変換処理を施して，同じ文字が連続するようにしたいと思う．そうすれば，圧縮率を上げられるからだ．

　そのような処理に使われる方法の 1 つに，**ブロックソート**（block sort）がある．ブロックソート自体はデータを変換するだけで圧縮はしない．また変換後のデータはルールに従えば元に戻すことが可能だ．どのようなアルゴリズムなのか，まずその仕組みを説明しよう．

---

[19] もちろんこれほど単純ではない．例えば，ハフマン符号について調べると圧縮アルゴリズムに関する周辺情報にすぐに到達できるだろう．

10.3.2　ブロックソート

ブロックソートは，**Burrows-Wheeler 変換**（Burrows-Wheeler Transform: BWT）とも呼ばれる．これは，開発者 2 人の名前に由来する．1994 年に発表された彼らの論文[20]に載っている例文を使ってブロックソートアルゴリズムの仕組みを説明しよう．

入力となる文字列は，abraca の 6 文字だ．変換の様子を図 10.7 にまとめた．

まず，文字列の先頭から順番に 1 文字ずつ，末尾に移動する．abraca の先頭 a を末尾に移動するので，bracaa になる．これを元の文字列が出現する 1 つ手前まで繰り返す．次に，できた 6 つの文字列をソートする．出力するのは末尾を縦に見た文字列 caraab と，ソートしたあとに元の文字列が何番目に来たか（ここでは index=1）の 2 つの情報だ．

今度は，出力された 2 つの情報だけから元の文字列を再現してみよう．これは少しややこしいが，確かにできるということがわかると面白い．データを元に戻すための最初のステップを図 10.8 にまとめた．

出力文字列は，1 文字ずつずらしたあとにソートした文字列だった．これは末尾の文字列であったが，この 6 文字に元の文字列のすべての文字が使われているので，これをソートすれば先頭の文字を作ることができる．ただここで気をつけなければならないのは，ソートの順番が決まらない場合だ．6 文字中 3 文字が a なので，1 文字だけを使ったソートではこれらの順番をどうするかが問題になる．ここでは，文字だけから順番が決まらないときは，元の順序を保持すると約束する．図 10.8 では，黄緑，マゼンタ，ライトブルーという元の順序を保持することになる．このようなソートを**安定ソート**（stable sort）と呼ぶ．Python のソートの仕様は安定ソートになっているので，あとでブロックソートを実装するときはとくに気にしなくても大丈夫だ．

末尾の文字列（caraab）をソートするときに，それぞれが何番目に移動するかを記録しておく．図

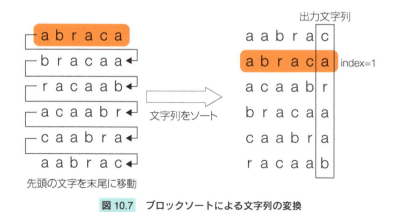

図 10.7　ブロックソートによる文字列の変換

---

[20] Michael Burrows and David Wheeler, A Block-Sorting Lossless Data Compression Algorithm, *Digital Src research Report*, 1994

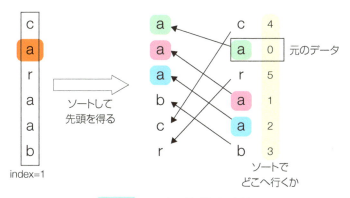

図 10.8 データの並びを元に戻す

10.8 にはその数字が書かれている．この状態から元のデータを復元していこう．復元は末尾から順に行う．元のデータがあった場所はわかっているので，図中の枠線で囲われた場所から始めよう．元のデータの末尾は a（黄緑色）だ．その左隣が知りたい．すぐに c だとわかる．なぜだろうか．1 文字ずつずらした操作を思い出そう．いま末尾にある a（黄緑色）は 1 つ前の段階では先頭にいたはずだ．このときの末尾は c だ．なぜそれがわかるかというと，a（黄緑色）が先頭へ行くと index=0 の位置へ行くからだ．この末尾にあるのが c なので，左隣は c だとわかる．あとはこれを繰り返していけばいい．c が先頭へ行くと index=4 の位置になる．この末尾は a（ライトブルー）なので，c の左隣は a だ．こうして末尾から順に acarba となるので，順番をひっくり返して abraca を得る．

10.3.3 ブロックソートを実装する

ブロックソートを実装してみよう．コード 10.1 のようにできる．

コード 10.1 エンコード

```python
def block_sort_encode(val):
    res = []
    res.append(val)
    # 元のデータを追加してあるので，for の回数は 1 つ少ない
    for i in range(len(val) - 1):
        # 1つ前（現在の最新）をもってくる
        temp = res[-1]
        # 先頭の文字を末尾に移動
        res.append(temp[1:] + temp[0])
    res.sort()
    # 元のデータがどこへ行ったか探す
    idx = res.index(val)
```

```
13        # 末尾の文字をすべて集めたものが結果
14        encoded_str = [v[-1] for v in res]
15        return ''.join(encoded_str), idx
```

少し長い文章を作って，このアルゴリズムで処理してみよう．

```
input_str = '明日の会合は午後が良いですが，良い天気だとお昼ご飯のあとで眠くなってしまうので，午後は午
            後でも遅い時間が良いです．'
bsorted_str = block_sort_encode(input_str)
bsorted_str
```

```
('の良良良遅まと後間す眠昼てでで気なっいい後とのだあく飯う日合後しでのはは，会い午午午明．おい天でが
が，も時ごでがす'，43)
```

タプルの最初の要素がブロックソートで処理されたデータ，次の要素が元のデータが何番目にある
かを示す数だ．少し意図的に同じ文字を使うようにしてあるので，「良」や「午」の字が並んでいるの
がわかるだろう．1文字ずつずらす処理の際，「良い」という文字から始まる文章の次は，先頭が「い」
末尾が「良」になる．これをソートするので，末尾に「良」がうまく並んでくれているわけだ．
　文字列を元に戻す関数を作ろう．少し複雑だがコード 10.2 のようになる．

◀ コード 10.2　デコード ▶

```
1   def block_sort_decode(val, idx):
2       # ソートしたときにそれぞれどこへいくかを格納する
3       char_last_idx = []
4       for i, v in enumerate(val):
5           char_last_idx.append((v, i))
6       # 文字でソートする．同じ文字の場合は，元の順序を保持する
7       char_last_idx.sort()
8       # すべて 0 で初期化
9       last_to_front_idx = [0] * len(char_last_idx)
10      for i, v in enumerate(char_last_idx):
11          # 末尾にあった文字が先頭へ行ったときどこへ行ったか
12          last_to_front_idx[v[1]] = i
13      res = val[idx]
14      # 最初は，元のデータのあった場所から
15      i = last_to_front_idx[idx]
16      while i != idx:
17          res += val[i]
```

```
18          # 次に行く場所へ添え字を更新
19          i = last_to_front_idx[i]
20      # 逆順にして返す
21      return res[::-1]
```

block_sort_decode(*bsorted_str)

'，明日の会合は午後が良いですが，良い天気だとお昼ご飯のあとで眠くなってしまうので，午後は午後でも遅い時間が良いです．'

　無事に元の文字列に戻った．関数へ引数を渡すとき，アスタリスク（*）を使ってタプルを展開している．

　ブロックソートは，bzip2 形式の圧縮フォーマットに利用されているほか，データベース検索の高速化などにも応用されている．

➤ 第 10 章　練習問題

10.1 受け取った文字列を，`hashlib.sha3_512` アルゴリズムを使って変換する関数を考える．このとき，1〜100 までの数をランダムに 1 つ生成し，これを文字列に追加して暗号化せよ．戻り値は暗号化した文字列と，追加した数とする．

10.2 100 桁から 200 桁ほどの素数を 2 つ用意して，RSA 暗号の計算を再現せよ．9 章の練習問題でみたように自力で素数を見つけてもよいし，2 つのメルセンヌ素数（$2^{521} - 1$ と $2^{607} - 1$）を利用してもよい．余裕があれば，1 文字ではなく複数文字からなる文字列全体を整数に変換して暗号化せよ．

10.3 HTTPS を運用している適当な Web サイトへアクセスし Web ブラウザの機能を使って証明書の中身を確認し，認証局や使われている暗号化アルゴリズムを調べよ．

参考 10.1

　ビットとバイトの関係や，整数や小数の表現方法は 2 章ですでに紹介した．コンピュータで文字を扱う場合はどうすればよいだろうか．各文字に数値を割り当てて管理するというのが自然な発想だろう．これを文字の符号化という．どの文字を符号化するかということも決めなければならない．英語のアルファベットだけでよいのか，日本語のひらがなや漢字も含めるのかなどを決める必要があるわけだ．このような文字の集まりを文字集合（character set）という．文字集合が決まったら，それぞれに数値を割り当てる．こうしてできた文字の集合と対応する符号をまとめて、符号化文字集合（coded character set）という．単に**文字コード**（character code）という言葉が使われることも多い．歴史が長い文字コードには，ASCII（American Standard Code for Information Interchange）がある．ASCII は米国で開発された文字コードで，英語のアルファベットや数字，いくつかの記号に改行やタブを表現する制御文字などが ASCII の文字集合に含まれる．これらの文字を 1 文字 7 ビットで符号化するので，全部で 128 文字を扱うことができる．ASCII はその後，ISO/IEC 2022 として整備され 8 ビットになる．ISO は国際標準化機構（International Organization for Standardization）のことだ．おもにラテン語由来の言語では，文字数がこの程度の数で収まるが，日本語の場合はそうはいかない．

　日本語の文字コードとしてこれまで重要な役割を果たしてきたものに JIS X 0208 がある．JIS X 0208 は 1978 年に最初に策定され，その後何度か改定されている．文字集合には英語のアルファベットを中心としたラテン文字やひらがなカタカナ，ギリシャ文字やキリル文字も含まれている．漢字は常用漢字を中心とする利用頻度の高い第 1 水準と，比較的頻度が低い第 2 水準にわけられて約 6,400 文字が利用できる．JIS X 0208 は文字集合を定め，文字とコードの対応関係を決めているので符号化文字集合といえるが，これがそのままコンピュータで使われることはほとんどない．実際には，OS などの環境に応じて独自の文字符号化方式（character encoding scheme）が使われることが多い．すこしややこしいが，文字コードという言葉は，厳密には符号化文字集合と文字符号化方式をまとめた概念を指すといえる．JIS X 0208 を使った日本語の文字コードとしては，EUC-JP，ISO-2022-JP，Shift_JIS などが有名だ．これらの文字コードでは漢字は 2 バイトで表現される．EUC-JP は主に UNIX 環境で使われていた．Shift_JIS は Windows 系 OS で今も使われている．ある文字コードで保存されたテキストファイルを，別の文字コードで開いてしまうと文字化けが起きる．こうした不便を解消するためには，世界中の文字を同じ文字コードで扱えると便利だ．これを実現するのが Unicode で，インターネットの普及もあって現在世界の主流になりつつある．Unicode には 4 バイトの符号（UCS-4）とそのサブセットである 2 バイトの符号（UCS-2）がある．こうなってしまった理由に，当初 2 バイトで世界中の文字を扱おうとしたが，計画が破綻し符号化文字集合の空間を大幅に拡張したという歴史的な経緯がある．Unicode の文字符号化方式には UTF-8，UTF-16，UTF-32 などがある．UTF-8 と UTF-16 がよく使われており，UTF-8 では漢字は 3 バイト以上で表現される．とくに Web の世界では UTF-8 が主流になりつつあり，これに絵文字が一役買っているという説がある．絵文字は日本の携帯電話で初めて利用された．このときは Shift_JIS を各社が独自に拡張して絵文字を符号化していた．これが 2010 年から Unicode に取り込まれたことにより，世界中で使われるようになった．これは Unicode の拡張性の高さを示す事例でもある．もし将来，宇宙のどこかにいる異星人とコンタクトが取れ，彼らと良い関係が築ければ，惑星間の通信のためにまったく新しい文字が Unicode に追加されるかもしれない😄

あとがき

　編者の下平英寿先生から執筆のお話をいただいたとき，2つの思いが頭に浮かんだ．まず，Pythonは大好きな言語なので，そのよさを多くの人に知ってもらえるなら，是非やってみたいと思った．ただ，同時に疑問もあった．ライブラリを使ったプログラミングが全盛のこの時代に，基本的なアルゴリズムやデータ構造に関する本を書く意味があるのだろうか，という疑問だ．まえがきにその答えの一部を書いたが，少し違う側面からもこのことを考えてみたい．

　最近では，配列をソートするためにクイックソートを実装する人はほとんどいない．Pythonでもリストのメソッドや組み込み関数で簡単にソートができる．Pythonを使って仕事をしているプログラマでさえ，ソートのアルゴリズムを知らない人もいるだろう．では，ソートのアルゴリズムを知ることには，どのような意味があるのだろうか．

　「多様性こそ力である」とは，恩師である油谷浩幸教授（東京大学先端科学技術研究センター）の教えの1つだ．生命は多様性を失うと，環境の変化に適応できず絶滅する可能性が増す．会社などの組織についても同じことがいえるかもしれない．多様な人材がいたほうが変化に対応できる柔軟性を獲得できる．さらにこの考えを進めると，1人の人間がもつ知識についても多様性には重要な意味がある．ホモ・サピエンスに10万年の歴史があるとしても，現在が最も変化の激しい時代であることは間違いない．この変化に適応するために，多様な知識こそ力になるといえるだろう．本書はアルゴリズムの実装にPythonを使っているが，アルゴリズム自体は特定の言語に依存しない．動的計画法や分割統治法の考え方が，今後遭遇する問題を解く鍵になることもあるだろう．こうした視点からも，アルゴリズムやデータ構造を学ぶ価値は，現代でもまったく色褪せていない．

　最後に，本書の完成に力を添えてくださった方々に心からの感謝を記しておく．私に貴重な執筆の機会を与えてくれた下平英寿先生．機械のような正確さと，膨大な知識に基づく的確な助言によって，本書の完成度を高めてくれた矢吹太朗先生．Pythonのみならずコンピュータに関する深い洞察がなければ為しえない，示唆に富む数々のコメントをくださった中田秀基先生．数理・データサイエンス教育強化拠点コンソーシアム教材分科会の視点から，いくつもの貴重な意見をくださった遠藤俊徳先生．柔軟で的確なスケジュール管理と熟練の校閲能力によって本書を完成へと導いてくれた講談社サイエンティフィクの横山真吾さん．小学生だった私にMSX2を買い与え，今日まで続くコンピュータへの興味を喚起してくれた父・和雄．溢れるピアノの才能を教育への情熱に変え，次世代を担う子どもたちに日々音楽の素晴らしさを伝える妻・彩．

　本書を通じ，1人でも多くの方がコンピュータの楽しさを実感してくれることを願っています．

2019年10月

辻　真吾

参 考 文 献

1) グイド・ヴァンロッサム (著), 鴨澤眞夫 (訳), 『Python チュートリアル 第 3 版』, オライリージャパン, 2016

Python の生みの親であるオランダ人プログラマの著者が, Python 以外のプログラミング言語を知っている人向けに書いた Python の入門書. 非常に簡潔に Python の特徴を解説していて, いつ読んでも新鮮さがある. グイド氏による原著 (https://docs.python.org/3/tutorial/) と, 有志による翻訳 (https://docs.python.org/ja/3/tutorial/) は Web 上で読むことができる.

2) 柴田淳, 『みんなの Python 第 4 版』, SB クリエイティブ, 2016

日本における Python の専門家の 1 人として知られる著者のロングセラー. 進化を続けており, 第 4 版ではデータサイエンスに関する話題も含まれるようになった. 日本語で Python に関して網羅的に解説している本として, 一読の価値があるだろう.

3) J・グレン・ブルックシャー (著), 神林靖, 長尾高弘 (訳), 『入門 コンピュータ科学 —IT を支える技術と理論の基礎知識』, KADOKAWA/アスキー・メディアワークス, 2014

コンピュータの基本的な仕組みやネットワーク, オペレーティングシステムなど, コンピュータ科学を幅広い視点から学ぶことができる. 本書の題材であるアルゴリズムやデータ構造に関する話題も含まれており, さらにコンピュータグラフィックスや人工知能といった章まである. それぞれの章をごく初歩的な入門と捉え, この分野全体を俯瞰するには非常によい本だといえる.

4) 石畑清, 『アルゴリズムとデータ構造 (岩波講座 ソフトウェア科学 3)』, 岩波書店, 1989

1989 年の出版以来, 売れ続けていることからもわかる通り, 網羅している話題の広さや解説の丁寧さが特筆に値する. 500 ページ近い分量があり, ソートやグラフに関する章では, 本書で紹介した内容に加えてさまざまなトピックが盛り込まれている. また, 文字列に関するアルゴリズムなど本書で扱えなかった話題も含んでいる. アルゴリズムやデータ構造に関して, さらに詳しく学んでみたい読者は手にとってみることをすすめる. アルゴリズムの実装は, プログラミング言語 Pascal で書かれている.

5) K. メールホルン, S. サンダース (著), 浅野哲夫 (訳), 『アルゴリズムとデータ構造 (基礎のツールボックス)』, 丸善出版, 2012

アルゴリズムやデータ構造に関する話題を, 理論的な側面から深めたいと思う読者にすすめる本. ループ不変式など本書では扱うことを避けた, 厳密な議論を学ぶことができる. 実装は, 特定のプログラミング言語に依存しない擬似言語で書かれている. 各章に「歴史に関するノートとその後の展開」があり, 代表的な研究成果や関連する論文についての記述があるので, 研究分野を概観するのにも役に立つだろう.

6) Magnus Lie Hetland, 『Python Algorithms: Mastering Basic Algorithms in the Python Language』, Apress, 2014

英語で書かれた，Python を使ったアルゴリズムとデータ構造に関する本．本書よりも発展的な内容を含んでいる．語り口は軽妙だが，幅広い知識に裏打ちされた記述は示唆に富み，数学的な背景もしっかりしている．著者が経験豊かな Python プログラマであるため，アルゴリズムの実装が簡潔でコメントも豊富につけられているので，Python の学習書としても価値がある．

7) 玉木久夫, 『乱択アルゴリズム (アルゴリズム・サイエンス・シリーズ ─数理技法編)』, 共立出版, 2008

日本語で書かれた数少ない乱択アルゴリズムの入門書．発展的な話題まで扱っているが，導入部分は丁寧に書かれているので，専門的な知識がなくても，乱択アルゴリズムの意味を理解することができる．序盤はクイックソートの例などもあり読みやすいが，中盤以降はかなり数学的な記述が増えるので，乱択アルゴリズムへの興味が大きくなり，数学的な知識が整ってから読むのがよいだろう．

8) 杉原厚吉, 『データ構造とアルゴリズム』, 共立出版, 2001

著名な計算幾何学者である著者のわかりやすい入門書．筆者の大学院時代の恩師でもある．実装には，擬似言語が使われている．多くの話題が本書と共通するが，著者の専門分野であり，本書では扱わなかった計算幾何学に関するアルゴリズムが紹介されている．

9) 和田秀男 (著), 田村一郎, 木村俊房 (編), 『計算数学 (新数学講座)』, 朝倉書店, 2000

コンピュータの仕組みと数論の基本から始まり，本書でも扱った公開鍵暗号の原理やさらに進んだ楕円曲線暗号，またグレブナー基底までを解説する類をみない価値ある本．ただ新品は出版社にある分だけとなっており，入手は難しいかもしれない．興味のある読者は，図書館や Web 上も含めた古書店などを探すとよいだろう．

10) ジョセフ・H・シルヴァーマン (著), 鈴木 治郎 (翻訳), 『はじめての数論 原著第 3 版 ─発見と証明の大航海 ピタゴラスの定理から楕円曲線まで』, 丸善出版, 2014

やさしく書かれているが，本格的な数論の入門書．わかりやすい導入事例と，豊富な練習問題が数論の理解を助けてくれる．また，数論に関するアルゴリズムも多く紹介されているので，好きな言語で実装すると，数論，アルゴリズム，プログラミングスキルの 3 つの能力を鍛えることができるだろう．

11) 甘利俊一, 『情報理論 (ちくま学芸文庫)』, 筑摩書房, 2011

本書の 10 章で扱ったブロックソーティングは，圧縮アルゴリズムの前処理として使われる．情報理論は，情報を数学的に定義するところから始まり，情報の伝送やエラー訂正，圧縮などを扱う分野で，まさに現代社会を支えているといってよいだろう．多くの入門書があるが，名著の文庫版であるこの本は，情報理論に入門するにはまさにうってつけだ．ちなみに著者は，昨今話題の Deep Learning の理論的な基礎に関して，1960 年代から研究成果を発表している伝説的な研究者であり令和元年の文化勲章受章者でもある．

12) マイケル・シプサ (著), 太田和夫, 田中圭介, 阿部正幸, 植田広樹, 藤岡淳, 渡辺治 (訳), 『計算理論の基礎 原著第 2 版』, 共立出版, 2008

　「1. オートマトンと言語」,「2. 計算可能性の理論」,「3. 複雑さの理論」の 3 冊からなる. 著者の MIT での講義ノートをもとに書かれた本で, 本書の 8 章で厳密に説明しなかった, 非決定性チューリング機械の話題など,「計算とは何か?」という疑問にほぼ完全に答えてくれる. わかりやすい事例から解説を始めるが, 数学的にも厳密に議論がすすめられ, 名著の貫禄がある. 翻訳版は, 訳もこなれていて読みやすい.

13) ハワード・ラインゴールド (著), 日暮雅通 (訳), 『新 思考のための道具 —知性を拡張するためのテクノロジー その歴史と未来』, パーソナルメディア, 2006

　世界を変えたデジタルコンピュータ開発とその発展の歴史が詳細に書かれている. 歴史に名を残した偉人たちの人物的な背景も書かれているので, 大著だが飽きずに読める. 本書で紹介した, ノイマンやチューリングの話題は本書から情報を得たものなので, 詳しく知りたいと思った読書には一読をすすめる.

14) セバスチャン・ラシュカ, ヴァヒド・ミルジャリリ (著), 福島真太朗 (監訳), 『[第 2 版]Python 機械学習プログラミング —達人データサイエンティストによる理論と実装』, インプレス, 2018

　データサイエンスに欠かせない機械学習の理論を網羅的に学べる一冊. 600 ページ弱の大著で, 理論のみならず Python のコードが豊富なので, 結果の描画なども含めて極めて実用的な内容になっている. 次元の呪いなど周辺知識への言及もあるので, この分野を俯瞰するのにもよい.

15) IPUSIRON, 『暗号技術のすべて』, 翔泳社, 2017

　本書の 10 章で紹介した公開鍵暗号やデジタル署名を含む暗号技術の全体像を把握できる. 本書で扱うことができなかった暗号学的ハッシュ関数の仕組みと, 乱数列の生成方法についての解説もある. また, 技術の背景にある数学について丁寧な説明がついている. 随所に例題もあるので, これらを実際に解きながら学ぶと理解が深まるだろう.

索 引

記号，数字
3SAT, 141

欧字
Burrows-Wheeler 変換, 180
CPU, 27
FIFO, 104
FILO, 108
Floyd-Warshall 法, 112
LIFO, 107
NP, 139
NP 完全, 144
NP 困難, 143
OS, 27
P, 139
P=NP 問題, 143
P ≠ NP 問題, 143
pivot, 63
RSA 暗号, 172
SHA, 168

和字
あ行
アクティビティ図, 116
圧縮, 179
暗号学的ハッシュ関数, 166
安定ソート, 180
一方向連結リスト, 36
イミュータブル, 8
エッジ, 65
枝, 60, 65, 78, 96
オイラー関数, 173
オペレーティングシステム, 27
親ノード, 65

か行
可逆圧縮, 179
カーマイケル数, 162
還元可能, 143
完全二分木, 78
緩和, 110
木, 60, 77, 97
擬似コード, 42
擬多項式時間アルゴリズム, 123
キュー, 103
共通鍵暗号, 171
近似アルゴリズム, 123
クイックソート, 62
空間複雑性, 38, 137
組合せ爆発, 123
クラス NP, 139
クラス P, 139
グラフ, 96
繰り返し二（自）乗法, 154
計算複雑性, 38
決定性チューリング機械, 139
弧, 96
公開鍵暗号, 171
公開鍵基盤, 177
合成数, 135
合同式, 148
子ノード, 65

さ行
再帰, 24, 47
最大公約数, 41
最適性の原理, 113
時間複雑性, 38
次元の呪い, 112
シーザー暗号, 171
次数, 96
実装, 41
充足可能性問題, 141
10 進数, 30

巡回セールスマン問題, 134

衝突, 168

証明書, 177

署名, 172

スタック, 107

スターリングの近似, 61

制御文字, 2

静的配列, 39

節, 141

接続行列, 97

節点, 96

漸近記法, 38

線形時間, 131

線形対数時間, 131

線形探索, 72

選択ソート, 50

前提条件, 44

素数, 135

ソート, 49

た行

ダイクストラ法, 110

対数時間, 130

高さ, 78

多項式, 131, 139

多項式検証可能性, 140

多項式時間, 131

多項式時間還元可能, 143

端点, 96

チェックサム, 164

中央演算処理装置, 27

チューリング機械, 139, 144

頂点, 96

定数時間, 39, 130

デジタル署名, 176

動的計画法, 112

動的配列, 39

取引情報, 168

貪欲法, 120

な行

ナップサック問題, 117

二進木, 60

2 進数, 30

2 の補数記法, 31

二分木, 60, 78

二分探索, 73

二分探索木, 79

認証局, 177

根, 60, 78

ネットワーク, 96

ノード, 65, 78, 96

は行

葉, 60, 78

バイト, 29

配列, 35

バス, 28

ハッシュテーブル, 90

幅優先探索, 103

ハミルトン閉路問題, 133

ハミルトン路, 133

判定問題, 139

非可逆圧縮, 179

非決定性チューリング機械, 139

ビッグオー記法, 39

ビット, 29

ヒープ構造, 84

秘密鍵暗号, 171

フェルマーの（小）定理, 151

深さ, 78

深さ優先探索, 103

浮動小数点記法, 33

フローチャート, 116

ブロックソート, 179, 180

ブロックチェーン, 168

分割統治法, 62

平衡木, 84

閉路, 97

辺, 96

ポインタ, 37, 56

ま行

マージ, 56

マージソート, 59

道, 96

ミュータブル, 8

無向グラフ, 97

難しい問題, 139

メルセンヌ数, 161

文字コード, 184

森, 97

モンテカルロアルゴリズム, 146

や行

有向グラフ, 97

ユークリッドの互除法, 45

ら行

ラスベガスアルゴリズム, 146

乱択アルゴリズム, 69, 145

リスト内包表記, 20

リテラル, 2

量子チューリング機械, 144

リレーショナルデータベース, 84

リンク, 96

隣接, 96

隣接行列, 97

隣接リスト, 98

レジスタ, 28

連結グラフ, 97

連結成分, 97

連結リスト, 36

わ行

ワード, 30

著者紹介

辻　真吾　博士（工学）
2005 年　東京大学大学院工学系研究科先端学際工学専攻博士後期課程修了
現　在　東京大学先端科学技術研究センター 特任准教授
　　　　東京大学 Beyond AI 研究推進機構
著　書　『Python スタートブック［増補改訂版］』技術評論社 (2018)
　　　　（共著）『Python によるあたらしいデータ分析の教科書』翔泳社 (2018)
　　　　（共著）『ゼロからはじめるデータサイエンス入門』講談社 (2021)

編者紹介

下平英寿　博士（工学）
1995 年　東京大学大学院工学系研究科計数工学専攻博士後期課程修了
現　在　京都大学大学院情報学研究科 教授
著　書　（共著）『統計科学のフロンティア 3　モデル選択』岩波書店 (2004)

NDC007　　207p　　21cm

データサイエンス入門シリーズ
Pythonで学ぶアルゴリズムとデータ構造

　　　2019 年 11 月 26 日　　第 1 刷発行
　　　2024 年 7 月 25 日　　第 7 刷発行

著　者　辻　真吾
編　者　下平英寿
発行者　森田浩章
発行所　株式会社　講談社
　　　　〒 112-8001　東京都文京区音羽 2-12-21
　　　　　　販売　(03)5395-4415
　　　　　　業務　(03)5395-3615
編　集　株式会社　講談社サイエンティフィク
　　　　代表　堀越俊一
　　　　〒 162-0825　東京都新宿区神楽坂 2-14　ノービィビル
　　　　　　編集　(03)3235-3701
本文データ制作　藤原印刷株式会社
印刷・製本　株式会社ＫＰＳプロダクツ

落丁本・乱丁本は，購入書店名を明記のうえ，講談社業務宛にお送りください．送料小社負担にてお取替えします．なお，この本の内容についてのお問い合わせは，講談社サイエンティフィク宛にお願いいたします．定価はカバーに表示してあります．
©Shingo Tsuji and Hidetoshi Shimodaira, 2019
本書のコピー，スキャン，デジタル化等の無断複製は著作権法上での例外を除き禁じられています．本書を代行業者等の第三者に依頼してスキャンやデジタル化することはたとえ個人や家庭内の利用でも著作権法違反です．

JCOPY　〈(社) 出版者著作権管理機構 委託出版物〉
複写される場合は，その都度事前に (社) 出版者著作権管理機構（電話 03-5244-5088，FAX 03-5244-5089，e-mail: info@jcopy.or.jp）の許諾を得てください．
Printed in Japan

ISBN 978-4-06-517803-4